與世界格格不入的我，其實可以不孤獨

西脇俊二——著
呂丹芸 譯

自分の「人間関係がうまくいかない」を治した精神科医の方法

前言

此刻拿起這本書的你，應該都很煩惱人際關係不順、覺得活著很累吧？

「和別人講話總是聊不太下去，也很難跟朋友或同事變熟。」

「我說那句話明明沒有別的意思，為什麼對方會生氣？」

「我覺得自己很怪，別人都不了解我。」

「我無法融入學校或公司的團體活動。」

「我在職場上的人際關係很差，所以一直換工作。」

人際關係不順時，既無法擁有充實的私生活，活得也不快樂——我們的心情會如此地受到影響。

此外，還會波及正常的心理狀態，在學業或工作上都無法有良好表現。

也就是說，「與人相處」不順利時，人生各方面也不會順利，最後就會覺得「活著很痛苦」。

這種痛苦的感覺，我個人也非——常清楚。

因為從國中到三十五歲左右這段二十多年的日子，我也和各位一樣在痛苦中不停掙扎。

「西脇醫師不是精神科醫師嗎？您的工作應該就是傾聽別人的煩惱、明快地解決大家心理上的問題啊，您竟然也會為了自己的事煩惱？」

應該有人會這樣疑惑吧？不好意思，我的答案是「YES」。

雖然我的工作是「治療人們的心靈」，但年輕時的我總覺得自己與外界格格不入，內心紛亂不安，有時甚至覺得活著好辛苦。

當然，我還是努力發揮自己的專業，在工作上大家對我的評價也都是正面的。

只是一到假日，為了尋求「為什麼我的人際關係不好」這個問題的答案，我會去參加各種學會等的聚會，也查遍各種文獻，甚至花大錢去聽名師主講的研討會。

我耗費相當多的時間及金錢在自我投資上。

甚至還嘗試過「連續靜坐數日，重新審視自己」的精神療法（內觀法）。

「活著為什麼令人痛苦，答案也許不屬於醫學領域吧？」我如此煩惱著，不停從失敗中摸索。令人意外的是，我在研究自己的本業——精神醫學——最先進的知識時，竟然順利找到了答案。

爾後，我在實際生活中也開始接受「治療」，我的人生終於明顯好轉了。

身為精神科醫師的我尋覓多時，終於找到了答案。

那就是稱為「發展障礙」的先天腦部機能障礙。

同時，我發現我兼具「亞斯伯格症」（Asperger Syndrome，AS）及「注意力不足過動症」（Attention Deficit/Hyperactivity Disorder，ADHD）等雙重特質。

過去十一年裡，我任職於國立重度智能障礙兒童機構，並負責機構內部的革新。當時，我一邊為院童看診，一邊作研究。有一天，我突然查覺到「我該不會也有發展障礙吧？」

之後，隨著我累積發展障礙權威醫師的經驗，原本因為發展障礙造成的生存痛苦也消失了。

在人際關係的建立及加強上，我會調整做法，讓自己能與他人保持良好的關係。

「人際關係不順、覺得活著很辛苦，原來這些問題都出自於發展障礙啊！」查覺這一點之後，過去那些困擾我的問題，包括：

▼不會察言觀色，老愛擅自採取行動

▼常被指責不會好好聽別人講話

▼不在意對方想法，以自己的心情為優先

▼雖然能短暫集中注意力，但組織力為零

——都豁然開朗了。

也因為我找到「從痛苦抽離」的簡單方法，所以在各種場合我都知道「這時這樣做比較好」，與人之間的摩擦也減少非常多，人際關係（跟以前相比）變得非常良好。

我那時已經三十幾歲了，對於「就算長大成人，還是可以改變生活方式」這件事感到驚訝。

說來慚愧，雖然我身為精神科醫師，但竟然到三十多歲才發現自己有發展障礙，而且還是因為工作上偶然需要與智能障礙兒深度接觸才發現的。這麼一想，如果是不太關心醫療資訊的一般人，要知道自己有發展障礙的機率就更低了。

如今，我已經五十多歲了。

「對於那些不知自己有發展障礙而感到痛苦的人，我衷心希望能減少一個就是一個。」

在這樣的念頭驅使之下，我透過媒體採訪、電視劇監修、演講等方式，致力於發展障礙相關的啟蒙活動。

「就是因為我不知道自己有發展障礙，才讓痛苦的時期拖那麼久。」我想把這件事傳達給更多人知道。

另外，身為臨床精神科醫師，我懇切地希望大家不要輕忽「有發展障礙」這件事。因為有發展障礙的人，很容易產生二次障礙。講得淺顯一點，就是會被診斷出「憂鬱症」之類的心理疾病，而這些疾病大多是發展障礙引起的。

打個比方，請各位試著想像一下以下的例子。

「發展障礙讓我的人際關係一直出問題，害我老是遲到、工作出錯」，這種因無法適應職場而被診斷為「憂鬱症」的案例屢見不鮮。

這樣的人如果到精神科或身心科就診，遇到的醫生大多數會說：「我們來減輕憂鬱症造成的症狀吧！」然後開立精神藥物的處方，這種做法當然沒錯，但僅在這個階段就結案的話，其實只能解決問題的一部分。

正因「是發展障礙讓人際關係一直出問題，造成老是遲到、工作出錯」，所以，讓他理解自己原本的特質，引導他學會生存之道，才是最重要的。

為了避免誤會，我要補充說明一下，其實發展障礙是無法根治的。簡單來說，發展障礙是腦部某處機能無法良好運作造成的，這種缺陷在現階段無法以藥物等醫療的力量來改善。

不過，有發展障礙的人在「擅長」和「不擅長」的領域上大多有很明顯的差異。

「盡力發揮自己的強項，對於不擅長的事物不用勉強，只求過得去就好。」

只要有這樣的意識，日子就很容易過下去。也就是說，及早發現的人還是能夠得到幸福的。這是神賜予發展障礙患者的禮物。

「無論是亞斯伯格症或其他發展障礙的患者，抑或是頭腦、心靈上出狀況的人們，我都希望他們能獲得幸福。」我一直這樣期盼著。

只要理解自己並執行正確對策，仍然有可能達成這個願望。就像我一樣，即使上了年紀，這個願望還是有可能實現的。

衷心希望本書能幫助你減輕活著的痛苦。

二〇一八年七月・西脇俊二

CONTENTS

chapter 1

與世界格格不入的我
—在眾人之中更覺孤獨的過去—

2
chapter

從「放過自己」開始
—我這樣治好人際關係不順利—

12道處方，解除與人格格不入的痛苦 101

chapter 3

「理解」是最深的溫柔

—當你周圍也有難以理解的他—

4

chapter

把偏執當作天賦

—那些有點怪的成功人士—

附錄

覺得「活著很痛苦」的你，是不是生病了？

chapter 1

與世界格格不入的我

在眾人之中更覺孤獨的過去

自小就因社交障礙而痛苦不已

◌從幼稚園起就拒絕上學

首先讓我來講講自己的故事吧！現在回想起來，我好像從幼稚園開始，就和別的小朋友不太一樣。

我討厭幼稚園，幾乎沒去過學校。

一方面是地點離家較遠，而且幼稚園蓋在寺廟內，園長是和尚。我適應不了這種環境，所以覺得討厭。

小孩子就是這樣吧！只要有些不喜歡，就會完全排斥。就算是平常要好的朋友，如果發現對方有一點看不順眼的地方，就會完全無法接受他；只要有一個不喜歡的孩子在幼稚園裡，就會連帶討厭整座幼稚園。

我就是因為不喜歡那種氣氛，所以選擇不去幼稚園而待在家裡，結果有一天老師親自過來接我。當時他手裡拿著一盒點心站在玄關，但點心外盒看起來很像是昆蟲飼養箱。

我看了以後，覺得更不高興了。

「快點來這裡、來這裡啊！」老師說。我心想：我又不是猴子，反感程度更加提升，之後就從那所幼稚園退學了。

只要有一個討厭的點，就連帶全部都討厭，這種行為稱為「完全抗拒」（Total Rejection），常見於有發展障礙的亞斯伯格症患者身上。

我覺得我在幼稚園時期這種狀況就萌芽了。

◌ 挨罵也無動於衷的小孩

我在父母心中似乎是很難對付的小孩。

我母親有點歇斯底里傾向，有時她會突然暴怒發飆，但我就算被遷怒也沒哭，只是一聲不吭地看著她。據說有人對我破口大罵時，我也只是用「這個人為什麼要生氣」的表情看著對方，不會像其他孩子一樣流露出情感上的反應。

而父親則可以說是典型的亞斯伯格症。

父親經營一家菸啊酒啊什麼都賣的商店，有點像現在的超市。我還小的時候，附近並沒有超商或超市，在那個不管開什麼店都很好賣的年代，我們家的店應該是非常賺錢的。

我記得有一次客人明明通知說：「晚上就該送到的商品現在還沒收到。」結果，父親回答：「那我明天再出貨。」

自己忘記出貨而造成客人困擾，照理說，應該要馬上飛奔出門送貨才對，但父親竟然說：「我在睡了，明天再送。」而且還用死氣沉沉、毫無感情的語氣。

那時，我覺得我的父親好像有點怪。

無法想像對方當下的心情，凡事以自己為優先。

面無表情，明明是生意人卻完全不會說討喜的話。

這種傾向是亞斯伯格症的特徵之一。

因此，很難不讓人聯想到我這種被罵也無動於衷的性格，其實跟父親具有亞斯伯格症特質的性格是相關的。

◌嚴重偏食，連蛋糕都不吃

我小時候是個嚴重偏食的孩子，有非常多東西都不吃。

討厭白飯，也無法接受蔥，而且明明是小孩卻不吃甜食。

我一吃甜食就覺得噁心，所以在自己生日時是不吃蛋糕的。到我上大學二年級時，才第一次把蛋糕完整地吃進肚裡。

雖然我討厭白飯，但不吃的話，父母會生氣。可是，如果我說「只要一半就好」，他們還是會盛上滿滿一碗，因此，我會用「我要五分之二碗」這種很精準的說法來表達我的抗拒。

半溫不熱的白飯我更討厭，所以，在上大學之前我從沒吃過壽司。

我還討厭咖啡色的食物，不吃炸豆腐皮和香菇，營養午餐的沙拉如果放了葡萄乾，我就會把它挑掉。

不喜歡黏黏滑滑的食物，貝類和番茄也是我的拒絕往來戶。

小孩子或多或少都會挑食，但通常還是食欲旺盛。像我這個也不吃、那個也討厭的小孩，真的是很麻煩。

◌ 毫無顧忌地說出傷人的話

這樣的我，在小學時就像山大王一樣耀武揚威。

比起同年級的孩子，我更常和年紀較大的小孩來往，五年級時我只和國中生玩。周圍的朋友叫我都會加上尊稱，就連小六跟國一的孩子都以為我是他們的學長。

大概是我的言行舉止很成熟，臉也看起來很老成吧。

當時經常玩在一起的國中生，過了很久才知道我那時才小學五年級，還因此嚇了一大跳。

我也當過兒童會長（譯注：兒童會是日本小學的學生會組織，主要由高年級生負責）。當時的我總是想到什麼就毫無顧忌地說出來，一定講過很多傷人的話。

我知道我不太會跟人應對，別人大概也覺得我是個難相處的人。

更糟的是老師也對我另眼相看，給我很多特別待遇。

如此一來，其他小孩一定會感到不是滋味吧！所以，我既跟別人處得不太好，也不怎麼喜歡自己。這就是我的童年。

可能就是因為童年時期的影響，我到現在還是很害羞，沒辦法一開始就和人坦誠以對。

我剛開始執業時也是一樣。

從客觀角度來看，「害羞的精神科醫師」是很有問題的。

我的表情一直很僵硬，常常有病患說：「您該不會在生氣吧？」

就算是這樣的我，也在理解自己有發展障礙之後，跟症狀妥協，過著和一般人無異的生活。

當感覺「活著很痛苦」時，理解原因並找出解決方式，心情就會輕鬆許多。

我希望能藉由累積至今的經驗，把箇中祕訣傳授給大家。

◌ 發展障礙與亞斯伯格症

我在這裡簡單說明一下本書經常會提到的精神醫學用語。

近年來常常聽到的用語有發展障礙、亞斯伯格症、過動症等，也常看到用英文字母表示的ADHD或AS。然而，我相信很多人並不能清楚區分它們，也無法正確理解它們的意思。太詳細介紹的話會過於專業，因此，以下我只說明基本定義。

① 發展障礙

包含了自閉症、亞斯伯格症、其他廣泛性發展障礙、學習障礙、注意力不足過動症，以及其他相似的腦部機能障礙，其症狀通常在幼兒時期就會被發現，但也有在長大成人後才被診斷為發展障礙的案例。

② **亞斯伯格症**（AS）

發展障礙之一。在溝通能力與社會性、想像力上有障礙，無法建構良好的人際關係。也有說法是亞斯伯格症是沒有智能障礙的自閉症之一。

在語言上的溝通無礙，但難以產生同理心，只對限定的事物感興趣，常被認為是「怪人」，旁人很難理解他們的想法。

③ **注意力不足過動症**（ADHD）

又稱「過動症」。行為舉止與年齡不符，有無法專注、過動（無法停住不動）、衝動性（突然採取意想不到的行動）等多種症狀。

④ **自閉症類群障礙**（Autism Spectrum Disorder，ASD）

統合自閉症、亞斯伯格症等障礙的診斷名，二〇一三年由美國精神醫學學會提倡統一成此名稱。其特徵是在溝通及人際互動上有困難、侷限的行為或興趣、不斷重複同樣動作等。

我認為只要先知道上述用語就可以了。

我自己有AS和ADHD兩種問題。

即使有著亞斯伯格症和注意力不足過動症的特質，仍然可以在社會上生存。事實上，現在也有很多活躍於世界各地的名人有ASD和ADHD。

被診斷有發展障礙或亞斯伯格症的人，在這個世界上絕對不是少數。基本上，由於這是腦部機能出現某種障礙所造成的，所以，會覺得「活得很痛苦」的話，大部分原因是出自腦部機能。

只要能先了解這些資訊，就很足夠了。

常陷入自我的小世界又虎頭蛇尾

◌雖能短暫集中注意力，但毫無組織力

我在小學時很喜歡無線搖控模型，不論是飛機或車子，我都可以花上一整晚全心全意地組裝。

因為是附引擎的大型模型，一般小學三、四年級的孩子並不會想嘗試，而且組好一台要花上將近三個月的時間。

當時我只要面對喜歡的事情就會全心投入，如果說這表現出「只對特定事物

感興趣」這種亞斯伯格症特徵，也是不無可能的。

雖然我很擅長製作模型，但在完工前的上色階段，總會把顏色塗出去而導致作品失敗，母親經常對我說：「你到最後都很隨便耶！」

由於父母很愛說我總是這樣、總是那樣，不知不覺間，我也認為自己是個「在最後階段很隨便、會功虧一簣」的人了。

雖然對喜愛的事物我會一頭鑽入，但從青春期到大學階段，對學校考試我幾乎都是臨時抱佛腳，在前一夜不睡覺狂念書。每次考試我都是這個樣子。

這就是短期集中注意力的典型，當我專注時，就算別人跟我講話，我也渾然不覺，雖然這種集中力可以發揮良好效果，但結束之後就會忘得一乾二淨。我一直在重複這樣的事情。

雖然我每次都會反省「這樣下去不行，下次一定要有計畫地執行」，但最後都辦不到。

◌有「執行功能障礙」，無法妥善規劃事情

我一直無法在腦中組織好系統性的規劃，像是養成每天念一點書的習慣，或是訂定中長期的計畫等，這些我都做不到。

就算出社會開始工作之後，這點還是沒辦法改變。

這在精神醫學上被稱為「執行功能障礙」，是在計劃事物及實際執行上有困難的症狀。

大家知道這是失智症的症狀之一，它還有以下特徵：

▼做任何事都毫無章法

▼無法判斷優先順序

▼無法歸納出重點

▼發生預料之外的事時會驚慌不已

▼拘泥於某件事而無法有新進展……等等

當一個人被認定為沒有執行力時，大家很容易會認為這跟他個人的幹勁或意志力強弱、動機有關，但我希望大家明白這也可能是腦機能障礙造成的。

在我念大學時，有個同屆的男生跟我完全相反，他的成績非常優秀。他明明考上了開成高中（有非常多學生考進東大的明星學校），卻選擇進入家鄉岩手的高中就讀，之後又考上醫學部，是個非常認真的人。

他跟我簡直是兩個極端，總是認真聽課，努力地預習和復習。

對於「執行功能障礙」的治療，可以在設定目標後，採「預習→執行→復習」這種完成一個階段再進行下一個階段的方式，指示患者具體的進展流程，據說十分有效。

「何時、在哪裡、做什麼、怎麼做」，以及會得出「什麼結果」，把這些事項具體地一一列出來，讓自己看得到預測的樣子，在執行上就會變得順利了。

像那個優秀的同學就能把這些事項在腦海裡好好想像一遍。

如果能多少以他為榜樣，或許我當時就能有所改變了。

思考沒有交集，無法理解他人的感受

◌不懂與異性交往的意義

中學時代，只要情人節快到的時候，大家應該都很難靜下心來吧？

我雖然也收過好幾次巧克力，但我對於「談戀愛」這事一點興趣也沒有，只覺得「明明不會結婚，何必交往」。

某次情人節前一天，有個女同學對我說：「○○說她想見你，你明天早一點來。」結果，隔天我卻遲到了。

「對不起，我忘了。」我說，但是，大家都非常生氣：「你真的很過分耶！」每個女孩子都用嚴厲的眼光瞪著我。

然而，我的想法卻是「平白無故叫我過去，結果還生氣是怎樣？」

我完全沒想到對方被放鴿子的心情。

周遭的男孩們到了三年級以後常常在聊「我在跟哪個女生約會」「我交女朋友了」等話題，但我卻認為交往這麼無聊的事，大家為何這麼有興趣。

◌把單純的善意誤解成好感

不會考慮他人的感受，無法從行動或表情來揣測對方的心，這也可以說是亞斯伯格症的特徵。

當亞斯伯格症患者被異性親切對待時，馬上就會認為「對方對我有好感」。明明不能妄下定論，但他們這種傾向卻十分強烈。

如果是男性患者，當餐廳或速食店的店員、在簽名會見到的明星對自己露出職業微笑時，他們常會誤解成「他喜歡我」。

雖然實情不是這樣，但他們卻不知道，只用表面所見的樣子推論出「那個人對我有好感」，有時一不注意還可能變成跟蹤狂。

我雖然有亞斯伯格症，但無法理解交往或異性的好感有什麼意義（這或許也是我比較奇怪的一點），所以，不管是誰喜歡誰、誰又跟誰交往這類的話題，我都不會加入討論。

就算別人聊這種話題，我也覺得很無聊，所以，每到午休，我都趴在桌上睡覺。

沒有同理心，不懂別人的傷痛

看了我的往事，可能有些讀者會擔心我如此特立獨行、會不會被排擠吧？

雖然我不喜歡搞小團體，但我完全沒被人排擠過。

大概是因為我雖然很怪，但還是有些過人之處吧。

我一直是籃球社的社員，很會跑步。一直到我高中畢業以前，校內的馬拉松大會都拿第一，短跑也非常強。加上學校成績還算過得去，大概是因為這樣，所以雖然不擅長與人相處，但從小學到高中都沒被排擠過。

容易被排擠的人是在行為舉止上缺乏同理心的人。

缺乏同理心是怎麼一回事呢？

在我還是實習醫師的時候，曾經發生過這樣的事。

我和幾個同樣是實習醫師的同事一起去居酒屋喝酒，結果有人喝醉了，頭撞到桌角流了血。

看到以後，我很冷靜地說：「你的血流出來了。」

結果，大家覺得我超搞笑，還有人哇哈哈笑了出來，但我完全不知道哪裡好笑。大家覺得好笑的點在於「明明一看就知道流血了，但這個人非但沒有幫忙治療，還很冷靜地講出來」。

但我不明白自己說了很奇怪的話。

撞到頭的同事後來縫了三針，傷得有點嚴重。

當時，我的反應是典型的「不符合當下情境且缺乏同理心的舉動」，而且還說了不懂別人痛苦的話。

我那時還不知道自己有發展障礙。

但就算發生了這種事，別人也沒有因此不理我，仍然把我當朋友看待。

◌無法查覺話語背後的涵義

回想起來，我在實習醫師時代還發生過這樣一件事。

實習醫師被規定要在白袍下繫上領帶，我也每天都會繫領帶。

有一天，我繫著一條扶桑花圖樣的領帶看診。

一個年長的醫師前輩看到之後，說道：「你對領帶很有研究嗎？」我也很自然地回道：「沒有啊。」

南國扶桑花這種花紋怎麼看都很花俏。

這種花紋不適合診間，有些患者看到醫師戴這種領帶，還可能變得心浮氣躁。

前輩的話語裡帶有「繫這種花俏的領帶來看診，你到底有什麼問題」的不悅，以及略帶諷刺的勸告，但我完全沒查覺，只回答「我對領帶沒什麼研究」。

無法查覺言外之意，也無法看出對方真正的目的，而是完全按照字面接受。

當我知道這也是亞斯伯格症的典型症狀時，已經是很久以後的事了。

不會看狀況，脫口就說出可惡失禮的話

◌說話不看場合，被告白也當眾回絕

許多調查發現，有發展障礙的人在青春期常會受到霸凌，雖然有的是因為和其他人不太一樣而被當成怪人，但更多原因來自於「發言不看場合」，例如：

▼說出多餘的話

▼在本人面前說出會讓對方傷心的話

▼說話時機不對

有發展障礙的人不會考慮當下的氣氛或對方的心情，而是想到什麼就講什麼。青春期的孩子很敏感，所以，當有人被惹毛或想挖苦人時，有發展障礙的孩子就成了被鎖定的對象。

從中學開始，我就常常講一些白目（不會看狀況）的話。就算對方是我有好感的女孩子，我照樣會講出一些很可惡或傷人的話。對方如果問我：「你能跟我交往嗎？」我會直接回答：「我不要。」而且是在旁邊有人的情況下。

雖然我不討厭對方，卻說出不該說的話，根本就是白目，當然最後就落得被對方討厭的下場。

長大成人之後，我還是依然故我，像剛剛提到實習醫師時代的「流血事件」和「領帶事件」的反應，就是我白目行為的代表例子。

◌把自己擺第一，完全不理潛規則

這種白目表現不只出現在發言中，也體現在行動上。

在弘前大學就讀時，我對衝浪非常著迷，並加入了社團。

社團成員總會聚在咖啡店之類的地方聊天。

興趣相投的人在一起聊天通常氣氛會很熱烈，但我在這種時刻卻完全無法加入大家的話題，只是一直想著「好想離開這裡，好想趕快回家，我想要一個人靜一靜」，完全無法融入群體。

在實習醫師第一年的時候，還是新鮮人的我為了去印度旅遊而請了十二天假，但過去從不曾有人為了出去玩而請長假。

當時因為有暑假，所以，我事前詢問了最高層的老師：「我想請假。」「可以啊。」「因為我想出國旅行。」「哦，去吧。」

我就這樣請了假，而且為了不給病患造成麻煩，也事先做好萬全準備。

其實就算是前輩，也頂多只會請兩次各三天的假，因為不請長假是醫院內的習慣，大家都很有默契地遵守這個規矩。

但我完全不在意，只想著可以出國的話當然一定要去。雖然後來被前輩狠狠教訓了一頓，但隔年開始，請長假出國旅遊的人就變多了，因為大家知道只要休假前作好完善的交接就能請假了。

我這種白目的行為，竟然也為打破迂腐常規作出了貢獻呢！

◌用「白目力」打破陳規及不合理

一般而言，要請長假的話，為了避免在事後被批評，都會先取得前輩們的同意，打好關係之後再出國。

但是，我完全沒想到要打好關係一事。

在這方面，亞斯伯格症的人就算被批評「完全不體貼」，也是沒有辦法的事。

然而，去除打好關係或體貼等情感層面，我在出國這段期間對病患的照料卻非常周道，沒造成工作上的問題，因此，我才會作出「沒有不能去的理由」這種合理判斷。

雖然這樣子做沒顧慮到旁人的情緒，卻有極為合理的、宛如「AI（人工智慧）」的想法。

因此，不會察言觀色的人，他們的「白目力」在某種意義上是非常合理的，只要善加發揮，我認為就能打破現行陳舊的體制高牆，向前邁出一大步。

◌就算身爲聚會的主角，也照樣不出席

跟先前提到的受傷事件一樣，我和社團的人也聊不起來，在我成為醫生開始執業之後，也非常不習慣會議後的聚餐。

就算自己身為主講人，在演講之後的聚餐我也是馬上離開現場回家，因為我覺得打過招呼、交換完名片就算了事了。

我不覺得「身為聚餐主角卻不到場會對不起大家」。

即使清楚自己不擅交際，但由於不會看狀況行動，想當然耳，也不會有貼心

的舉動。

雖然這種行為會被誤解，但我並不是因為不高興才回家的，而是我實在沒辦法面對那種一群人高談闊論的場合。

就算勉強參加，我也不會說話，所以，有些人會覺得我很陰沉。

對於聚會感到痛苦的人，我認為不用勉強自己，直接回家也沒關係，最好也盡量遠離那種聚會場合。

○沒有想穿的衣服，就乾脆不出門

有發展障礙的人在服裝儀容上也有特徵。

大致上可分成「對服裝非常講究」與「完全不在乎」這兩種極端的形態。

我雖然不到極端的程度，但對於衣櫃裡衣架的擺放方向，會依自己的喜好來排列，我對這種小地方特別在意。

小學四年級時，我收到一件 Giants（讀賣巨人隊）的制服，我非常寶貝它，清洗和熨燙都自己來。通常還在念小學的小男生不會自己燙衣服吧！

有些人則是決定外出要穿的服裝和搭配之後就絕不改變，如果今天穿不了的話，這天寧可不外出。

也就是說，如果有一個地方不合他的意，他就會完全抗拒。

當然還有相反的例子，那就是完全不在意打扮，可以一件衣服一直重複穿。

我認識一位醫師，他就是個從年輕時就完全不在意儀容的男人。

襯衫沒紮好或上半身跟下半身的搭配很怪異這種事，他一點都不在乎；在服裝禮儀上，他也沒有「在什麼場合該穿什麼衣服」的想法。他也是亞斯伯格症患者。

對五感刺激異常敏感，出門要全副武裝

◌ 太過敏感，一外出就很疲累

在這個世界上，因為對事物過於敏感而苦惱的人越來越多了。

我認為日本有相當多噪音或刺激，會對視覺、聽覺、觸覺、味覺、嗅覺這五種感官造成影響。

發展障礙的人因為在感受上過於纖細，因此十分在意瑣碎小事，很拘泥小節。

例如：在很多人的地方或電車上，會非常在意人們說話的聲音或噪音。因為會一直受到外界影響，外出時一定要戴上耳機不可。我出門時也會一直戴著降噪耳機。我的患者中也有很多人使用降噪耳機，這東西已成為我們的生活必需品。

此外，走在街上時，眼睛會接收到各種資訊，因此會覺得眼花刺痛，非常難受，所以，有些人就算是陰天，也會戴著太陽眼鏡或能遮住視線的帽子。

我自己則很怕非常明亮的日光燈，像餐廳那種有亮晃晃的日光燈的地方，我就很不喜歡。出差搭新幹線時，裝設日光燈的一般車廂坐久了，我也會越來越不舒服；如果是綠色車廂的話，照明比較不同，所以會稍微好一點，但也無法這麼奢侈一直坐綠色車廂。

有些特別敏感的人會因人群中的體味感到難受，所以就算夏天也要戴口罩。除了汗水和化妝品的味道之外，也有人十分在意衣物柔軟精的味道。

◌過於敏銳，活在不安之中

如果敏感的人是小孩子，他們在教室裡聽到的聲音會擴大，加上周圍又環繞著一群不曉得下一秒會做出什麼事的同儕，他們會更加害怕不安。

這時，就進入焦慮症（廣泛性焦慮症）的領域了。因為這樣而拒絕上學或抱著「活著真痛苦」的想法長大成人的案例也不少。

經歷過這樣的兒童時期、長大後仍二十四小時都抱著不安生活的人，現實中是真的存在的。

大家都可能因為感覺過於敏銳而煩惱過。

只不過有發展障礙的人在反應上會更加顯著。

與其說他們飽受過度敏感之苦，不如說當他們覺得有壓力時會更加敏感，因此壓力又更大了，結果就一直陷入惡性循環之中。

對於一直為太過敏感所苦的人，我建議盡快找出「這樣做可以讓自己好過一點」的自保方式，例如：戴上耳機、太陽眼鏡或口罩等。

小時候，我很討厭別人摸我頭髮，絕對不讓人碰我的頭髮。因為不願讓人剪頭髮，我一直留著長髮（而且不知為何，還很喜歡穿紅色或粉紅色的衣服），常常被人誤認為是女孩子。

不喜歡被人觸碰，可能是因為觸覺過於敏感，這樣的人可用梳子梳頭的刺激方式讓自己習慣，或在身上配戴觸感柔和的物品來訓練觸覺，或保護自己、阻絕外界的觸碰，嘗試用各種方法來守護自己。

另外，也盡量不要讓壓力增加，妥善作好壓力的處理。所謂的壓力處理就是盡可能不要去人群聚集的場所，或避開讓自己痛苦的聚會等，在可能範圍內遠離「會給自己造成壓力的來源」。

只不過，這在現實生活中通常很難做到（具體的因應之道見第二章）。

對不符自己標準的事物，忍耐度為零

無法忍受東西排列不整齊

由於太過敏感，對小事會產生異常的執著。

有些人一定要將浴室裡的洗髮精、潤絲精或洗臉台架上的化妝水排成同方向才滿意，標籤也要面向同一邊才行。

也有人對桌上的小東西或會議室的桌椅、資料擺放方式有意見，要是不排整齊就會受不了。

這些人有自己的規矩，不照做就不罷休。

這類的執著雖然不太稀奇，但超過一定程度時就會變成強迫症（強迫性精神官能症）。

每天洗好幾次手，但還是覺得手很髒而繼續洗；擔心家裡門沒鎖好，因而一再回家確認，這種症狀稱為強迫症，是因為某種壓力造成的。

◌ 旁人不遵守規定就會發火

有些人會因為執著於自己的規矩而成為完美主義者。

他們無法忍受有人不遵守規矩，容易暴怒。

完美主義者有著易怒及暴躁（突然就發火）的傾向。

我來講一件不太光彩的往事。當我還是實習醫生的時候，每週會從東京通勤去靜岡的醫院一次。每週開車往返東名高速公路時，如果在上坡的超車道碰到慢吞吞的大卡車擋路，我就會馬上開超車燈（閃大燈提醒對方注意）。

我無法接受有人在超車道上開慢車，看到就會暴怒：「搞什麼鬼！給我遵守交通規則！」

後來想想，那輛卡車是為了超前其他開得慢的卡車，才會開到超車線上，我只要再等一下就好了，但那時我一心覺得「那輛卡車很可惡」。

老實說，我年輕時很容易生氣。

我會自己一個人發火，不滿「為什麼大家都不好好做呢！」這是完美主義者的缺點，旁人應該很受不了吧！

知道自己有亞斯伯格症後，我就特別注意這方面的事。

知道原因之後，就能解釋自己為何會出現奇怪的舉動，心情也舒坦多了。

◌太在乎長相，中學就想整型

說到奇怪的執念，我在中小學時期很不滿意自己的厚唇，也認真思考過：總有一天我要動手術整型。

我跟家人說我想整型，大家都說：「不用啊！根本沒這個必要。」但我還是一心認為「非整型不可」。

雖然現在我已經不在意了，但青春期時，我對自己心中的理想面貌有著奇妙的執著，並且會一再擴大這個念頭。

有些人因為在意自己的臉部缺陷而真的去整型，但除了他本人以外，沒有人覺得那是缺陷。

當本人的想法嚴重到變成妄想之後，就會一心只認為自己很醜、無法以這張臉生存下去，這就是「身體畸形性疾患」（Body Dysmorphic Disorder）的症狀。

雖然再這樣下去會成為精神疾病，但確實有很多人是因為執著而讓不滿情緒越來越嚴重的。

◌ 完全否定別人說的話

完美主義還有一個特點，就是認為自己的想法全都正確。

我年輕時也是這樣，不會把別人的話聽到最後，總在中途就打斷對方，完全否定別人說的話。

一般而言，在平時的對話中，很少有人講話的內容是完全正確的，曖昧不清跟不正確的訊息也會混雜其中，但即使這樣，會話仍然可以成立。

但是，我會一個個舉出來反駁，指正對方說錯的地方。只要對方講的話有一點不對，哪怕是在醫院裡跟學長講話，我也會打斷他的話，而且動不動就因別人說的話發火。

如此一來，會話既無法持續下去，對方也會受不了。不是只要糾正對方、內容講得都正確就可以一直交談下去的，所以，我的朋友圈也無法擴大。

◌ 連病患的話都無法好好聆聽

這個問題在我和患者相處時仍然持續上演。

患者是為了讓我理解他的問題、想要我聽他說話才來看病的，但我卻打斷他們的話，自顧自地說起來。曾有前輩醫師見到我看診的樣子，生氣地說：「你以為你在參加辯論大賽嗎？」

只不過，我既沒有好好看診，也沒把患者的話聽進去，因此連辯論都談不上。

後來，我覺得這樣下去不行，才決定自己不能再插話了。

就算我想講話，但真正開口的次數大概十次裡只有一次。

為了阻止自己想講話的念頭，我還會用手摀住嘴巴。

接著就是聽對方把話說完，聽完之後，還要提醒自己不能說出「你說錯了」這樣的話；若要反駁時，也會先用「你說得沒錯」來肯定對方之後，再提出反對意見。我是用這種「YES・BUT法」來進行溝通的。

面無表情，常被誤會是高冷、愛生氣

◌內心感受不會顯現在表情上

我總是板著一張臉不講話，所以，大家常以為我在生氣。

雖然我外表嚴肅，態度也很冷淡，但很多人對我的評價是「本來以為是很可怕的人，沒想到其實並不是」。

亞斯伯格症患者具有表情僵硬、難以表達情感的傾向。

無法將自身的喜怒形於色，經常會發生感受與表情不一致的狀況。

很多亞斯伯格症患者抱持著「自行我路」的精神，獨自在自己擅長的領域大放異彩，有些運動選手或藝術家也是這種類型。他們開心時臉部沒什麼表情，常常會被誤認為「是不是覺得很無聊？」「是不是不開心？」

如果難以表達感情，溝通能力自然就差了。

這樣就很難經營一般的人際關係或男女關係。

就算在社會上成就非凡，在人際關係上卻十分寂寞，無法和任何人深交，這種人在各個領域都有。明明是贏家，在某些層面卻活得很痛苦。

我在電視上看過這種人，覺得他很可能有發展障礙，如果能和我們這些精神醫師商量的話，他還是有可能改變自己的。

◌接納亞斯伯格症的人格特質

有些藝人會把自己的亞斯伯格症特質轉為演出時的特色。

像是很白目、溝通能力不足之類獨樹一幟的風格。不看場合的行為會引人發笑，不僅如此，也會讓大家產生「真的有這種人耶」的同感。

在電影或電視劇的人物中，也常常看得到亞斯伯格症患者的設定。某齣描寫一對奇特夫婦生活的熱門連續劇裡，丈夫一角就完全套用了亞斯伯格症的特質，大家也都看得很開心。

無論是亞斯伯格症或發展障礙，我認為他們的特質其實是可以被社會接受的。只是，當事人仍會覺得「活得很痛苦」，生活中會碰到很多艱辛的事。有很多人會隱藏這些困難，盡量積極地生活著。

現在被診斷出有發展障礙症狀的患者越來越多了。

一九九六年我任職於重度智能障礙兒童機構時，自閉症患者在一千人裡只有一人，而十一年後當我離職時，一百個人裡就有一個自閉症患者，在十年內增加了十倍，從發展障礙整體來看的話，這個數字是十分驚人的。

就像曾有一段時期認為自己有「憂鬱症」的人急速增加一樣，當大家對發展障礙或亞斯伯格症的認知度提高之後，懷疑自己有這種問題而前往醫院並確診的人就很可能會增加。

不過，我認為更好的方法是事先就提高對發展障礙的關注，並審視自己是不是也有這種問題。

不會看狀況行事、人際關係不佳，原因可能不是出在個性。當你懷疑自己有可能是發展障礙時，請試著先查詢一下，然後找醫師診斷。我自己也是一樣，知道原因之後，對很多事就覺得自在許多，活著的痛苦也大為減少。

工作不知「適可而止」，把自己逼到絕境

◌不能好好說明自己的問題

我看過各式各樣的病患，有些人無法清楚說明自己的症狀。他們雖然試著依照順序來解釋自己到目前為止的狀態，但講到一半就會亂掉，自己都不知所云。

他們明明已經跑過好多家醫院，應該很習慣和醫生對話了，但還是講不清楚。這裡並不是指講不出具體的句子，而是很難將「我以前是那樣、現在是這樣的事」具象化。

對於工作，這種人有時也不知道要做到何種程度才算足夠。我碰過一位在工廠上班的患者，他太過拼命，一直加班。雖然他表示自己幾乎無法請假，但似乎其實是搞不懂什麼叫「適可而止」。

一般人藉由觀察旁人的工作情況或從自己的經驗判斷，就能知道工作要做到什麼程度、花多少心力、做到哪裡就足夠了，然而，上述那位患者卻無法將「做到這裡就夠了」化成具體概念。

原因有一部分出在他們很難從經驗中學習。

想從經驗中學習，必須將各種記憶混合在一起，將「工作方式」或「提高工作效率的方法」轉化成自己的概念，但發展障礙患者卻辦不到，所以才會耗盡體力和時間，身心俱疲。

最後那位患者以生病為由提出辭呈了。

◌ 無法透過經驗學習，要依賴SOP

或許「無法具象化」是個聽起來曖昧不清的說法，但這卻是亞斯伯格症的顯著特徵之一。

無論是工作或與人交往，無法將事物具象化的人不會懂得怎樣才叫「恰到好處、適可而止」。

如果你的下屬或後輩中有這種人，就必須為他將事物標準化。

無法從經驗中學習，那麼就照標準流程來學吧！

這個作業進行三十分鐘就要檢查一次、對初次見面的人太過親熱是大忌……諸如此類，用該遵守的流程或規矩來建立標準。

這樣也可避免他過度勞動，並防止他做出令人困擾的舉動。

因此，在職場上，大家也必須對發展障礙或亞斯伯格症有一定的認知。

如果覺得同事「不知為何總是硬逼自己努力」「學不會一般的工作流程」，

就要懷疑他是不是有發展障礙的問題。

決定人事錄取的一方如果也能夠理解的話，就可以安排他適才適所的職位。

就算有發展障礙，也能在自己擅長的領域發揮能力，既能預防事倍功半，也能減少前述的離職例子。

「忘東西」是冠軍，沒興趣的事就當逃兵

◌很容易被別的事物轉移注意力

曾有一位女性因為自己念高中的兒子拒學而來找我諮詢。

我問她兒子在孩童時期是怎樣的小孩，她說：「就是個很普通的孩子。」

我再問她小孩是否有過奇怪的舉動，她告訴我：「大概一星期會有兩、三次把書包忘在門口，但這是挺常見的事吧？」我急忙回答：「不對哦！這一點也不常見。」

媽媽自己似乎也有一點奇特。

老是忘記帶書包這種大型物品是比較罕見的例子，但亞斯伯格症患者的確常會忘記一些不該忘的東西。

原因出自「注意力渙散」，當某種刺激出現時，他們會因為這個刺激而轉移注意力。也就是說，當患者在做一件事的時候，很容易因為其他事物分心。

例如：準備去上學時，如果旁邊飛來一隻鳥，他們的念頭就會轉向：啊！有小鳥耶！好漂亮的鳥啊！於是忘記自己才準備到一半，結果書包也沒帶就上學去了。這種事是偶爾會發生的。

在小學時老是拿下「忘記帶東西」排行榜冠軍的孩子，我認為原因很有可能是「注意力渙散」。

◌ 對擅長與不擅長的事物表現有明顯差異

就算是一直忘東忘西的小孩，也不能把他們與「欠缺注意力」或「書念不好」畫上等號。

亞斯伯格症的特徵是對於擅長與不擅長的事物表現有明顯差別。他們在自己感興趣的特定領域可以發揮卓越能力，但對沒興趣的事物幾乎完全做不來。

此外，在智力測驗方面，亞斯伯格症的孩子在某時期測出的智力會比較低，但之後會突然變高，極端一點的還會超過檢測上限，測出驚人的結果。

因為亞斯伯格症的孩子在擅長跟不擅長的領域表現差異太大了，所以在日本的教育環境下，這些孩子往往會被認為是「明明這方面很強，為什麼另一個領域就這麼差呢？一定是因為沒有心去做的關係」。

日本的教育方針是希望在各方面都能均衡發展，不要有太大的差異，所以過人的天分往往在萌芽之初就被剷除，因此很難出現天才。

歐美國家特別看重孩子的才能，並且努力將孩子的專長發揚光大，所以很容易出現各種不同領域的天才。

順帶一提，像賈伯斯或比爾蓋茲這些科技業的革命先驅也常被認為有亞斯伯格症；而發明大王愛迪生跟創立相對論的愛因斯坦也有亞斯伯格症的傾向。

這個世界能有突破性的進步，可以說是受到這些亞斯伯格症名人極大的影響。

chapter 2

從「放過自己」開始

我這樣治好人際關係不順利

減輕「人際關係不順之苦」的三大要訣

本章會以我本身的經驗為基礎，來說明如何排除「活著的痛苦」。

這些方法不只針對知道自己有發展障礙的人，對於人際關係不順的人、事情不如所願就陷入沮喪的人或很容易被誤解的人……等，都很有效，請大家從今天開始就務必試試看這些方法。

人際關係不順、覺得活著很痛苦的人如果想要放鬆，有以下三種方法。

Point 1　不對人有所期待

Point 2　滿足對方的自我價值感

Point 3　改變認知方式

若能實踐這三大要訣，原本沉重的心情就會漸漸變輕鬆，就像打開窗簾一樣，耀眼的陽光會把心情照亮。

以下分別說明各個方法。

○ Point 1　不對人有所期待

這裡是指對別人和自己都不要抱有期待。

對人有所期待，就會產生無謂的感情起伏，自己會在不知不覺間變得疲憊。「期待」這件事本身跟壓力變大也有關係。

①一開始就不對別人有所期待的話，不論對方出現什麼反應或說了什麼話，你都只會覺得「哦，這樣啊。」

②無論發生什麼狀況都能處之泰然，就算是討厭的事也能一笑置之。

③就算事情沒有朝自己預想的方向走，或沒有得到自己想要的反應，也不會因此生氣或痛苦。

◆別人的反應是不能控制的◆

當你出現不滿的情緒時，也不可歸咎到別人的行為上。

請先控制自己的期望。

別人努不努力不是你能控制的，所以請不要有所期待。

只要專注於自己可以掌控的事就好。

也不要對自己有過高的期望。這樣會造成心靈上的負擔，讓自己感到疲累。

在自己能做到的範圍內努力，也就是在心理不會產生負擔的程度上努力就好了。如果在人際關係上也採取這種態度，就能確實減輕心靈上的痛苦。

◌ Point 2 滿足對方的自我價值感

所謂的自我價值感，指的是覺得自己被周遭人肯定、受到重視。在心理上能產生「我這個人的存在有是用的、被需要的」的作用。這是人類在無意識時也需要的東西，當被周遭人認同及需要時，自我價值感就會提高。

①你若能順利傳達「我很重視你，你是我不可或缺的存在」這種想法給對方，他的自尊心就會提升，也滿足了他的自我價值感。

②如此一來，對方也會認可你、變得寬容，並產生想對你好的想法。你將因此和對方有更良好的溝通。

③對方也會認同你是重要的存在，這樣你的自我價值感也會同樣被滿足。

◆說話節奏也要配合對方◆

以我自己為例，我會從傾聽別人講話開始做起。

注意到自己愛插嘴或反駁對方的壞習慣之後，我會克制自己不要這樣，好好地聽人家把話說完。

在有同感的時候可點頭表示非常贊同，而除了談話內容之外，如果有其他值得稱讚的地方，也請不要吝惜讚美對方，像是用「你今天穿得真好看」之類的話表達自己的佩服，這也是很重要的一點。

此外，在還不清楚對方是怎樣的人時，說話的節奏就要配合對方。

如果對方說話很快，你也要講得很快；相反地，如果對方講話較慢，你也要講慢一點。當你的說話節奏和對方一樣，對方就會覺得安心，認為你跟他很合得來。

但不要對對方抱持期待。

不要想著「他會不會對我好」之類的事，請不要忘記Point 1的「不對人有所期待」。

滿足對方的自我價值感是不會有什麼壞事的。事實上，我也因為這樣做，而有很多人對我說：「我還想再跟你見面聊天」「有什麼問題我都會幫忙」。
當自己的溝通能力提升之後，就算是第一次見面的人，也能跟他處得很好。

○ Point 3 改變認知方式

這裡是指改變認知（對事物的看法、想法）的方法之後，在心理上就能跟壓力共處。

改變看待事物的觀點（認知的變異），藉以拯救活得痛苦的自己，這種方法在心理學上又稱為「認知行為治療」。

簡單地說，就是「用疲憊不堪的心看待事物會更加負面，所以要先修復心靈，讓自己成為能正常看待事物的狀態」。

也就是不論發生什麼事情，都要養成「不讓它成為壓力」的習慣。

①人類在壓力過大或長期處於憂鬱狀態時，思考會產生偏差。

②在思考不平衡的狀態下看待事物，就無法正常判斷自己所處的狀況，結果就會覺得不安或凡事都用負面眼光看待。

③認知行為治療在這種問題的治療上，會讓患者持續進行可承受的身體活動（日常生活中能讓自己開心、放鬆、樂在其中且有意義的活動，或是種花、彈奏樂器、打掃周遭環境等適合自己的活動）。

◆對憂鬱症或焦慮症也很有效◆

進行這種治療時，醫生會不斷確認患者在認知偏差上的修正程度，提高他對煩惱的適應能力。

認知行為治療在日本還不太為人所知，但在歐美國家已證實對憂鬱症或焦慮症（恐慌症、創傷後壓力症、強迫症）、失眠、飲食障礙症等方面都有成效，被廣泛應用。

要執行這種治療，必須先諮詢身心科或精神科醫師。

只要嘗試過這種療法，我相信患者就能從長久的痛苦中解脫，勾勒出更耀眼的未來。

我自己在改善人際關係不順上，光使用 Point 1「不對人有所期待」和 Point 2「滿足對方的自我價值感」，就已覺得非常有效，甚至覺得自己可以當個溝通達人了。

然而，應該還是會有人覺得「就算知道這三個要訣，好像還是救不了自己」。

因此，我接下來會提出更多「讓覺得生活很痛苦的人感到放鬆的方法」。

把自己抽離，想想「別人是怎麼看我的」

所謂「後設認知能力」，跟先前提到的Point 3「改變認知方式」有些關聯。這是心理學用語，大家可能會有點難以理解，不過，「後設認知」就是指客觀地掌握自己的認知活動（知覺、思考、情緒、記憶）並作出判斷，以控制自己的行動。

提高「後設認知能力」，就是「把自己抽離出來客觀地看待，確認自己的思考和行動有沒有奇怪之處，以提升控制和修正的能力」。

自己是不是真的能察言觀色？

在某個場合是不是說了不該說的話？

是否不顧對方，只顧慮到自己是否方便？

以前犯的錯還是一直重複嗎？

諸如此類，客觀地審視自身，尋找「這樣不對」的地方或自己的弱點，重複「認知→評價→控制」的循環。

◌利用觀察及控制來修正

想要提高後設認知能力，有以下兩種方法：

①自我觀察

觀察及判斷自己，例如：就算是自己在無意識之下做的事，也要提醒自己去判斷旁人的感覺跟自己的感覺是不是大相徑庭，自己是不是在未查覺的情況下說了不禮貌的話，自己在什麼樣的情況下會覺得痛苦……等，這些都要冷靜地去檢視。

對於自己做得到的事、做不到的事，以及亞斯伯格症患者做出多少具亞斯伯格症傾向的事，擁有分辨能力是很重要的。

②**自我控制**

這是指依據自我觀察的結果，修正自己的行為。

例如：發現到「自己很容易扯到別的話題」，就要控制自己「試著再說一些大家感興趣的話題」。

但是，不要因為這種控制而給自己造成壓力。

後設認知能力最重要的是先客觀審視自己，也就是「別人是怎麼看我的」，所以不必為了修正而給自己強加壓力。

愛遲到＝欠缺社會性，我這樣作好時間管理

有些人是遲到慣犯，再怎麼提醒他也改不過來。

事實上，有很多亞斯伯格症患者也無法遵守時間。

他們缺乏時間觀念，沒辦法理解「在約定時間出現」是社會規範。

遲到的話，不僅會浪費對方的時間，還會令人擔心「是不是發生什麼事了」。

他們無法想像等待的人是什麼樣的心情，也不曉得自己遲到給周遭人帶來多大的困擾，這也是造成他們遲到的原因。

如果老是遲到，就會被貼上「欠缺社會性」的標籤，大家會認為這種人「連準時都做不到，那做其他事一定也很隨便」。

加上他們的溝通技巧很差，所以就算被這樣認為也無可奈何。

◌從最晚何時要出門往前推算

想要改善遲到問題，就要先決定好「在這個時間不出門就會遲到」的最後期限。從這個時間點往前推算出門前要做的事，列出優先順序，最重要的事擺在第一位，接著再依重要性往下排。

例如：有五項要做的事，如果做第四項「刷牙」的時候，時間就到了，那麼第四項和第五項就要放棄執行，讓自己「即使不刷牙也要出門」「在最後時間點一定要出門」。

另外，關於使用的時鐘，比起只有顯示數字的數位型時鐘，我更推薦有指針和數字時標的指針式時鐘，這種更可以讓人體會時間的流逝。

經常遲到的人大多無法好好利用時間，若能養成任何事都訂出優先順序的習慣，就能減少失敗，不造成別人的困擾。

嚇久了就不怕，讓自己暴露在恐懼中吧！

只不過是明天要和未曾謀面的人碰面，有些人在前一天就會非常緊張不安。「明天就要面臨讓人緊張的場面了」，光這樣想像就讓他們極度不平靜。

另外，像是有重要的面試或在重要會議上作簡報等，也同樣會有人覺得不安。

與他人相處時之所以會覺得不安，並做出和平時不一樣的反應，原因來自於「暴露不安」。

在與人首次見面之類的緊張場合，有些人的身體會產生異樣感，或是理解能力變差。

人類是很奇怪的動物，跟第一次見面的人明明應該講一些客套話，但還是有人會故意作對或講出諷刺的話。

◌重現會讓自己不安的場面

所謂的「暴露」就是「Exposure」，意思是讓自己接觸更多的刺激。在極度緊張之下，人們會因為過於不安而做出奇怪的反應。這是很常見的事，但在亞斯伯格症患者身上更容易有極端的影響。

因應這種不安的治療方法稱為「暴露治療」。

為了培養對於不安狀況的忍受度，會故意刺激患者以使他習慣，這種療法分成兩種方式（實際治療時需要專業指導，在這裡提出來是為了供讀者參考）。

第一種是讓患者想像不安發生時的場面，稱為「想像暴露法」。

讓患者想像會讓自己感到不安的情境或場面，再用言語表達出來。

在別人面前講出自己憂心的事，以讓自己習慣這種想像。也有人會錄下所講的話再反覆重聽。

另一種是讓患者實際體驗該場面或狀況的「實境暴露法」，像是置身在許多人面前，或直接去簡報會場等，親臨緊張的現場，讓身心去習慣會造成不安的情境。

暴露治療是刺激性非常強的療法，雖然在執行上並不容易，但對於創傷後壓力症（PTSD）的治療效果非常顯著。

用名片做筆記，加強對人名和長相的印象

「記不住人名」在人際溝通上也會造成困擾，亞斯伯格症患者在這方面情況尤其明顯。

其實也有人根本不會去記對方的名字。

但記住名字是溝通的第一步。

「好久不見。」就算你跟對方打了招呼，卻怎樣都想不起他的名字。

這樣對方就會覺得自己「被看輕了」。

想讓長相和名字立刻連結在一起有個方法，就是拿到名片後在上面做筆記。和對方道別之後，立即在名片上寫下對方的臉部特徵、見面的場所和時間、對話內容……等，也可以簡單地畫出對方的臉。

如此一來，之後不僅可反覆重看筆記，藉由書寫也能加強記憶，在腦裡強化對方的名字和長相。

求職要「藏拙」，讓自己在對的地方發光

很多人因為職場上人際關係不順而煩惱，在工作上，要是自己的能力和被賦予的任務不被認同，就覺得很難過。

當覺得自己有發展障礙，或認為自己和別人有很多地方不同時，選擇什麼樣的工作就變得很重要。

上班占去一天絕大多數的時間，選擇何種工作將大大左右生活是輕鬆或痛苦。

我也經常被患者問道：「我適合做什麼樣的工作？」以下雖然是我個人的意見，但有發展障礙的人（特別是亞斯伯格症傾向強烈的人）在選擇工作時，最好考慮一下：

- ▼**避開經常要和人交涉或須頻繁與人來往的工作。**
- ▼**避開同時要處理多件事情的繁雜工作。**
- ▼**避開須臨機應變或處理突發狀況的工作。**
- ▼**避開全員要絕對服從上意的威權公司。**
- ▼**選擇不用等待別人指示、可依照自己的進度執行的工作。**

然而，最重要的還是職場氣氛。

雖然職場氣氛在實際進入公司上班之前無法得知，但在找工作時，最好盡量先查清楚公司的風氣、體制跟文化等方面的資訊。

每天早上老闆一聲令下後就要開始打掃、每週的聚餐全公司都要參加、公司的老鳥或資深大姐欺負新人是常態……網路上多多少少會有一些這樣的資訊，你可以自行判斷這家公司適不適合進去。

理想的公司是能善加利用每個人的個性和特質，並尊重每個人的步調來給予公正的能力評價，對員工不擅長的部分提供支援，對強項則加以活用，選擇具有這種文化、風氣的公司當然是最好的了。

善用社會資源，找到自己的生存之道

提到工作，近年來，全國各地的身心障礙者就業服務中心都增加了，應該有不少發展障礙患者因此受惠。

被診斷為發展障礙的人在經過評估後，可以取得身心障礙手冊。以前有很多人排斥拿這種手冊，在就業上也很困難，但現在排斥的人變少了，而且很多人就是專門找會雇用身心障礙者的公司。

「你應該是自閉症」「你患有亞斯伯格症」，當醫生作出這樣的診斷後，如果是以前，會有很多人覺得痛苦或難以接受，但近來持有身心障礙手冊之後，生活反而變得比較輕鬆。

我覺得這是因為持有手冊之後，其他人也會更加理解「有腦部機能障礙的人，會讓人覺得有點奇特，而且對於擅長和不擅長的事表現反差很大」。

持有手冊後，可在就業服務中心習得許多職場技巧，也可參加溝通支援專案這類人際關係或禮儀方面的講座。

在日本，企業要有一定的身心障礙者雇用名額，政府也要求越大型的企業雇用身心障礙者的比率要越多（台灣《身心障礙者權益保障法》規定，民營事業員工總數在六十七人以上者，進用身心障礙者人數不得低於員工總數的一%），因此今後職缺應該會更為增加。

在就業服務中心學習，之後利用身心障礙者就業保障名額進入一流企業工作也是有可能的。

現在對身心障礙者的偏見和誤解依然存在，想要世人正確理解發展障礙或腦部機能問題還需要一段時間。

儘管如此，在經公家機關認定有腦部機能障礙之後，請拿著身心障礙手冊堂堂正正走出自己的生存之路吧！我認為今後作出這個決定的人也會變得更多。

12道處方，解除與人格格不入的痛苦

我在快三十歲時才查覺自己有亞斯伯格症。在此之前，我在各種場合都常與人格格不入，或因超白目發言讓人敬而遠之，我卻一直無法理解為什麼會這樣。

然而，現在我卻以精神科醫師的身分生活著，而且不再因過去的種種痛苦而煩惱。接下來，我會將以前的我如何走到現在的經驗與心路歷程，以及我如何治好「活著的痛苦」，都具體地寫出來。

① 了解自己異於常人的原因就安心了

如同第一章所說的，我在小時候就覺得「自己和其他人不一樣」，而且有很長一段時間，我都認為這是自己的個性造成的。

為什麼自己會這樣呢？我在出了社會成為實習醫師後，還是覺得自己和別人不同，有一次我還請了一星期的假去大和郡山，以所謂「內觀」的自我洞察法，來探索自己的內在。每天從早上五點到晚上九點，我都持續著「內觀」，但我依然找不出那份異樣感的真正原因。

之後，我去了國立秩父學園擔任醫師，那是一家收容發展障礙兒童的機構，因此開啟了我和自閉症兒童接觸的機會。在鑽研自閉症相關知識的過程中，我對亞斯伯格症有了詳細的認識，因而突然領悟到一件事——我一直以來抱持的異樣感，毫無疑問是亞斯伯格症特有的症狀，我確定了這一點。

原來是這樣啊！當我確認之後，心情突然輕鬆許多。

因為我終於理解自己為什麼會有這些舉動，所以就安心了。

② 不再勉強自己之後，找到了自由

當我了解自己有亞斯伯格症之後，在許多方面都自在多了。

▼對於沒興趣的話題，不用強迫自己硬和別人聊。

▼不用煩惱自己的好惡明顯、對興趣過於偏執等問題。

▼人際關係不好或沒朋友也不用在意。

諸如此類，我的想法也變得更輕鬆了。

這些問題不是出在我的性格，而是因為我的腦部機能有缺陷，亞斯伯格症說明了一切。不是因為自己的個性有問題，這也代表我的特立獨行跟生長環境、父母的教育或教養沒有直接關聯。

由於造成亞斯伯格症的原因尚未解開，因此周圍的人不用負責任。

也就是說，沒必要責備誰，也沒必要責備自己。這也是讓我放輕鬆的主因之一。

③ 認清自己的問題，才能扭轉人生

知道自己有亞斯伯格症之後，我更加關注發展障礙的相關資訊，並且開始思考自己該注意哪些事情。

確實理解自己有發展障礙的「自我認知」是非常重要的，因為從此你將踏出嶄新的一步，發現許多過去沒意識到的事。

所以，今後準備就業的大學生們若曾被朋友說過「你好像有亞斯伯格症」或「你該不會有發展障礙吧？」請你去接受診斷，確定自己是否有這類的問題。

如果真的被認定有發展障礙，只要能建立「自我認知」，在就業之後，對於為什麼自己不能和大家一樣，或是有適應障礙、旁人無法理解自己的行為……等痛苦一定會減輕許多。

④ 掌握自己擅長和不擅長的事物

擁有自我認知之後，就能掌握自己擅長和不擅長的領域。

亞斯伯格症在社會性和溝通方面顯然有問題，也就是人際關係會很差，因此，理解自己哪些事情不拿手是很重要的。

請先寫出自己擅長和不擅長的事物。

書寫的過程也是在整理思緒，能讓自己本來不太清楚的事情變得明朗化，發現很多新天地。

我也因此了解到自己不善於哪些事情。

然後，我決定今後只要注意一下不擅長的地方（如果可以改善，就在不造成壓力的情況下修正，但不用強迫改進），在自己擅長的地方大展身手就可以了。

⑤ 捨棄「一定要完美」的想法

在我建立自我認知的時間點，我已過著工作繁忙的生活，因此，我開始會注意自己對待患者的態度。

首先是放下完美主義，例如：在對話中只要對方一講錯就立刻反駁，或只要跟自己的規矩相左就拒絕接受等習慣。

我這種老愛生氣、什麼都否定的毛病，來自於過度的完美主義，因此經常讓別人感到不悅。

當我捨棄「一定要完美」的想法之後，反而能冷靜看清楚患者隱藏的問題。

⑥ 耐心把別人說的話聽到最後

延續捨棄完美主義這部分，我也決定安靜地把別人的話聽完。

這種事對醫生來說本來是理所當然的，但以前的我卻做不到。

過去，由於一直改不了打斷患者說話的壞毛病，為了抑制想說話的衝動，我還用手按著嘴巴。但我還是很想講話，所以，我訂下「有十次想講話的衝動時，可以講一次」的規定，盡量讓自己好好聽患者說話。

在這樣的過程中，我也漸漸懂得如何好好聽別人說話的技巧。

⑦ 如果忍不住想反駁，就先贊同對方再說

我以前在跟前輩醫師閒聊時，也曾打斷對方的話，一直糾正對方：「不是這樣子。」

注意到這點之後，我就下定決心要改變自己，首先是別人的話要聆聽到最後。就算覺得有不對的地方，我還是會安靜地聽，想反駁對方時，我會先用「你說得沒錯，的確是這樣」的說法表示認可後，再加上「只不過我覺得……」

這是業務談話技巧中的「YES・BUT法」，先用肯定方式贊同對方，如果有意見或想反駁的話再接著說。這種方法是先以柔和方式接受對方的話，所以又稱為「緩衝用語法」。

雖然這是會話的基本，但當時的我連這種程度都做不到。

⑧ 沒有「多餘的期待」，就能放下重擔

在人潮擁擠的車站裡，有些人就算撞到別人也是不發一語就走掉。還有人拉著行李箱壓到別人的腳（被壓到真的很痛），他們也是毫不在意，當成沒這回事。

以前的我會因為這樣而生氣。

有一天，我發現「會生氣是因為對人有所期待」。

事實上，當我的想法轉換成「人本來就是這種生物，撞到人也不會道歉的大有人在，這是很正常的」之後，我就很少再生氣了。

人際關係也是如此，正因有多餘的期待才會產生壓力。

當你沒有期待時，如果有人說了「對不起」，你也會回答「沒關係」，變得更加寬容。

在先前提到的減輕「人際關係不順之苦」的三大要訣中，有一點就是「不對人有所期待」。為了在這個世界上能輕鬆地生存，這點是非常重要的。

⑨ 努力滿足他人的「自我價值感」

這也是三大要訣之一。為了提升溝通技巧、讓人際關係變好，我有一段時間十分努力地想做到這點。

要讓對方覺得「自己是被認可的、自己是別人心目中重要的存在」，並且覺得和我說話的時光是很舒適正向的，一開始並不是那麼簡單。

但當我努力三個月之後，在跟某些人的相處上就有了良好的改變。

這種人是哪一類型的人呢？這些人可分成「重視人品的類型、重視結果的類型、重視直覺的類型」三種，依照類型不同，應對及讚美對方的方式也會不同。

想要判斷對方的人品及類型，就得好好聽對方說話，也要具備理解對方性格和嗜好的觀察能力。在努力執行、累積經驗之後，就能大概抓到如何做才能讓對方高興的方向了。

⑩ 自己不擅長的事就找別人幫忙做

亞斯伯格症的人對於時間管理和整理環境很不拿手，也沒辦法同時做兩件事，而且無法處理突然改變的計畫。這些問題就算他們有心想改善也很難做到。

我對於整理環境非常不擅長，自己的房間越來越髒亂，客廳的桌上也堆滿大量資料。

亂得太過分時，我會去減少視覺上的刺激，也就是只清理平常看得見的地方，其他地方雖然也可用收起來或蓋住的方式處理，但我還是辦不到。

更正確地說，我並非不會整理，而是沒辦法達成井井有條的狀態。我曾經接受過收納達人的指導，對方是曾於海外任教的專家，但我仍然做得很糟糕。

不適合的事再努力也達成不了、不擅長的事情再拼命也克服不了，我有了這層體悟後，像整理或其他做不來的事，我都盡可能請別人幫忙。請擅長的人幫忙，不僅自己輕鬆許多，對方的自我價值感也會提升，效率更是大大增加。

這點是因為我有醫學知識才執行的事項，飲食盡量減少醣類攝取，可以改變許多問題。

身體不適改善後，對工作的熱情和與人相處的態度也會改善。

由於在許多方面都充滿幹勁，人際關係也變好了。

醣類指的是碳水化合物，麵包、米飯、烏龍麵或拉麵都是醣類。

請試著不要吃這些食物，就算只有一天不吃，你也可以感覺出有所不同。

有攝取醣類跟沒攝取醣類，你一定可以發現其中的差別。

吃過飯之後，會覺得想睡、身體懶洋洋的，有些人認為這是沒辦法的事，但只要不吃醣類，這些狀態就會消失了。雖然完全不吃醣類的「斷醣法」是最好的，但只要盡量減少醣類的攝取，就會有大幅度的改變。

有些人完全不吃醣類會很痛苦，我的建議是正餐排除醣類，但偶爾當成零食吃吃倒可以。

無法集中注意力和專注力，或身體持續不舒服但又找不出原因，都可以藉由限制醣類攝取而產生巨大的改變。事實上，我自從不吃醣類之後，身心都變得輕鬆許多。

⑫ 勤做臉部肌肉運動，不再一臉不悅

我在第一章提過我的表情總是很僵硬，因而給人很難相處的印象。

表情僵硬或面無表情，就像是與人之間有一道結界，別人會覺得你的心是封閉的。因此，見到人的時候，最好馬上露出笑容。

當有人對你說「早安」或「好久不見」時，他是完全不看你的臉且面無表情地說，跟看著你的眼睛笑容滿面地說，感覺是完全不一樣的。

笑的時候可以不用露出牙齒，只要嘴角上揚就行了。

外表看起來很一板一眼或面無表情的人，表情肌是僵硬的，所以要對著鏡子練習笑容，在平時做做臉部的肌肉運動，學習如何讓表情肌變柔和。

我經常被人說情緒和表情不一致，為了讓自己看起來不那麼僵硬，我會在鏡子面前微笑、講話時加入感情，並在暗地裡做臉部肌肉運動。

想讓人際關係變好，我認為至少要做到這種程度。

chapter 3

「理解」是最深的溫柔

當你周圍也有難以理解的他

獨行俠的模樣——人際關係不順的特徵

你周圍一定有很多內心非常痛苦但外表看不出來的人，其中也許有跟我一樣被診斷為亞斯伯格症或自閉症類群障礙的人。

這些人的嚴重程度或許不同，但大致上都為人際關係而煩惱，覺得活著很痛苦。旁人無法理解他們的個性和行為，因此會產生許多誤會或問題。或許現在手上看著這本書的你也是其中之一。

如果你身邊有這種人，本章將提供日常事例，來建議大家如何應對、理解及減少問題產生。

若你覺得自己「活得很痛苦」，就得讓周遭的人理解你，讓溝通能順利進行。在介紹案例及應對方法之前，我先整理一下「人際關係不順的人」有哪些特徵（這裡所舉的例子並非全部）。

日常生活

①沒什麼好朋友。
②沒有異性緣。
③獨處的時間很多，習慣孤獨。
④容易沉浸於自己喜歡的事物。
⑤對打扮完全不在乎，不然就是對外表非常執著。
⑥嚴重偏食。
⑦經常被人說「你很奇怪耶！」

⑧總是面無表情，動作僵硬。

做事方法

①無法規劃事物、不能有計畫地執行。
②不會處理跟別人的衝突，不擅長與人交涉。
③如果原定計畫突然變動會很驚恐。
④對於擅長跟不擅長的事表現有極大差異。
⑤無法同時做兩件以上的事。
⑥無法理解不夠清楚的指示。
⑥無法事前打好關係或推測別人的想法。
⑧一直重複同樣的失敗。

說話特徵

①講話不看場合。

②想到什麼就講什麼。

③對閒聊和談天很不擅長。

④談話時會突然離題。

⑤無法看著別人的眼睛講話。

⑥常被別人說「你要好好聽人講話啊！」

⑦會把玩笑話當真。對別人說的話會完全照字面接受。

⑧不太會使用敬語，或者跟任何人都使用敬語。

行動特徵

①無法決定優先順序，時間管理極差。

②對整理環境很不拿手，常弄丟東西。

③拘泥於自己的規矩。

④對聲音、味道或光線容易有過敏反應。

⑤不擅長團體行動。不會察言觀色，總是任意行動。

⑥不在意旁人的想法，以自己的情緒為優先考量。

⑦對喜愛事物可以投入大量的時間及金錢。

⑧經常單獨一人行動，喜歡自言自語。

另一方的聲音——那些一樣痛苦的周遭人

友人篇 CASE 1

不是愛岔題，就是容易把場面搞冷

和朋友三人一起聊著喜歡的足球隊話題，但大夥聊到一半時，其中一位朋友卻突然開始說起小學時代做的「鋼彈模型」。

我想這個朋友大概也不參與足球話題吧？他是不是面無表情地聽著，或者老看向別的地方呢？

當朋友們聊著感興趣或喜好的事物時，有些人完全不會參與對話，彷彿進入了另一個世界。年輕時的我也是這樣。

其實他本人並沒有惡意，也沒有要無視旁人的意思。只是因為他覺得「雖然大家好像聊得很開心，但我沒有興趣，所以不必關心」。這種反應在亞斯伯格症傾向強烈的人身上更加常見。

就算這種人勉強加入大家的對話，說話內容也會前後矛盾，從他們的表情上也看不出來他們有興趣，反而會讓場面冷掉。

他們的興趣範圍較狹窄，跟人聊天時不會迎合對方，只會講自己想講的事，希望周圍的朋友們能理解這一點。

相處之道

就算彆扭也不要無視對方，多少配合聊一下他的話題

不要無視朋友的鋼彈話題，雖然現在聊足球聊得正開心，但之後還是要將話題轉到鋼彈上。

絕對不可無視鋼彈並要求朋友加入大家的話題，這是大忌。你可以輕描淡寫地說：「等一下再講鋼彈啦。」先暫停朋友的話題，等到現在的話題告一段落之後，再接著聊鋼彈。

友人篇
CASE 2

無論是挖苦或玩笑話都照字面意思接受

我跟一位非常挑食的女性朋友說：「這樣妳以後結婚怎麼幫老公煮飯？」結果她用很認真的表情回答：「如果是這樣，我就找一個即使結了婚也不用幫他煮飯的對象。」

有些人不懂諷刺或玩笑話，對別人說的話都照字面意思接受，不能理解話裡隱含的意義或微妙語意。

在這個例子中，這位朋友應該是想對女性友人說：「再不改掉偏食習慣，妳會交不到男朋友哦！」或「妳再這麼任性，會結不了婚哦！」但溝通能力很差的人無法體會言外之意。這會讓想挖苦人的那方感到很失望或無趣，覺得這樣聊天很沒意思。

同事在下班時邀約：「去喝一杯吧！」如果有人不情不願進了居酒屋之後，果真只喝了一杯便告辭，其他人會怎麼想呢？

只要無法想像對方是抱著何種心情和自己說話，人際關係就不會好。

相處之道

告訴他其實話中還有話

請明白地告訴這種人，大家所講的話裡有時也會有「隱含的意思或諷刺的意味」。也許可以用「剛剛我雖然那樣講，但其實是這個意思」的方式來說明，要讓他知道單純照字面意思解釋且直接反應，不僅對對方很失禮，也會讓人家感到不愉快。

尤其在日本，理解話中有話或帶有微妙的語意是與人相處的基本，一定要讓有發展障礙的人理解這點才行。

友人篇
CASE 3
認為只有自己是對的，不斷批評公司及同事

難得與學生時期的朋友碰面，他卻只會抱怨公司的不是：「大家的工作能力都很差，害我因為這樣要加班，假日也要去公司。」讓我很不想再跟他做朋友了。

這個朋友在某種層面上是完美主義者，只要不符合自己心目中的理想或標準，就會全盤否定一切。

這種人就算辭職去了別的地方，恐怕還是不會有所改變。

我也有患者每兩週就來看診一次，每次來都不斷抱怨公司。雖然他是日本某知名企業的員工，但在他的眼裡，不論主管或同事都非常愚蠢——我就是這樣一直聽他抱怨，過了兩週後又要再接受一次相同內容的洗禮。

反過來想，這種人其實想要強調的是自己有多麼正確，所以，當他得不到周遭人的認同時，就會覺得有壓力，這種人也是人際關係不佳的典型範例。

此外，這種人也無法冷靜客觀地了解自己其實沒那麼優秀，旁人也不是真的如他所說的那麼沒用。

相處之道

以友人身分提出真摯的忠告，如果他還是不聽就暫時保持距離

你可以跟朋友建議，雖然在某種程度上可認同他追求完美的心態，但還是希望他先放下自己所訂的規則或基準，客觀地看待公司和自己的工作。

不過，這種人的後設認知能力很差，習慣以自己為優先，主觀地看待事物，所以非常可能不會老實接受別人的建議。如果跟他見面都會讓你心情不好，就先保持距離不要見面，用傳簡訊的方式冷靜地提點他吧。

交際篇
CASE 1

約會總是遲到，去哪裡都大包小包

跟上班族男友剛交往兩個月，每次約會他都遲到，而且不管去哪裡，他都會背著非常大的背包。我們連手都沒牽過，我很擔心他是認真想跟我交往的嗎？

這個男生很可能是做任何事都沒有計畫的人。

之所以改不了遲到的毛病，很可能是因為他無法決定事物的優先順序，在約會前還在做其他無關緊要的事。本來約會應該是排第一順位，不可以讓女朋友等才對，但他卻把其他事情都處理完了才出發。如果男友是年輕男生的話，也許在出門前一刻還打電動打到忘我呢！這種人在時間管理上應該很差勁，無法判斷「現在再做這件事的話會來不及」。

至於帶很多東西這點，也一樣是因為沒辦法決定優先順序，而覺得「這個也需要，那個也需要，為了以防萬一，那個也要拿」，什麼都往包包裡塞，他才會安心。

最讓人在意的就是沒牽過手了。就算彼此關係非常親近，有些人還是極為排斥肢體接觸。若加上這點，以我身為醫師的眼光來看，他很有可能是亞斯伯格症。

相處之道

「你聽過亞斯伯格症嗎？」兩人有必要好好談談這個話題

或許這個男生只是不會自我管理、很隨性的人，但由於他是亞斯伯格症患者的機率很高，最好跟他聊一下這方面的事。

一開始不要太嚴肅，淡淡地用「你聽過亞斯伯格症嗎？最近好像很多人有這種問題」開啟話題。如果認真談過、對方也承認的話，再來考慮雙方的交往模式要怎麼調整。但如果對方不願談這個話題、甚至還生氣的話，就要想一下是不是還要交往下去了。

交際篇

CASE 2

過度敏感，無法享受平凡小事

小學時期的男性友人無法忍受比較大的聲音，很怕刺眼的光線，也不能接受有點奇怪的味道。約他出去玩，他竟然以「耳機+帽子+太陽眼鏡+口罩」的全副武裝怪異姿態出現，去哪裡玩都不能盡興。

這個朋友對外界的刺激非常敏感呢！我也有這種傾向，所以很能體會他的感受，但他的狀況確實有點太超過了，旁人可能會退避三舍。

接受刺激的五種感官（視覺、聽覺、味覺、嗅覺、觸覺）如果太敏感的話，就算外出也沒適合的地方可去，跟朋友相處的機會就會少很多。通常亞斯伯格症患者的感官極為敏感，很容易對噪音或突然發出的巨大聲響做出過度反應，所以，那個朋友很有可能是亞斯伯格症。

雖然他本人知道自己過於敏感，因此為了自我防衛而做了萬全準備，但一般人比較難以接受，外界很容易以異樣眼光看他。

相處之道

找出敏感的人也能感到舒服的場所

如果去演唱會或電影院、餐廳等地方，朋友會因為太過刺激而有點排斥的話，一同前往的人也開心不起來吧？如果你和對方是相識多年的老朋友，就要有同理心，不要把自己的價值觀強加在他身上。

這種人一定也有自己覺得待起來很舒適的場所，像是自然景觀豐富的山林或河濱公園、人不多的寺廟及神社、美術館等，在安靜場所一同休閒也是很好的選擇。一般人在日常中接受了太多人工刺激，反而會變得遲鈍，在這種地方可以擁有心靈上的美好時光。

人際關係順利！提升溝通能力的技巧①

提升溝通能力 1 學會社會規範和常識

在社會上生存，在眾多人際關係之中，必須做到不傷害別人的感情和不造成他人麻煩。

社會的規範或禮節就是為了防止問題而訂立出來的，如果能遵守的話，就能減少糾紛或感情上的對立，大家可以相安無事地生活。

此外，學會所謂的一般常識之後，就不會做出失禮的事，也不會讓自己蒙羞，至少能跟周遭和睦相處。

學會正確的遣詞用字、敬語與生活禮節，也能提升溝通力。

或許你覺得自己本來就是怪人，就算和其他人不一樣也無所謂，所以不需要常識。然而，和別人處不好的人生真的會很辛苦，所以，只要多看書，能傾聽別人的話，學會社會的規矩和常識，人際關係就會大大好轉了。

提升溝通能力 2 找出適合自己的紓壓法

無論是工作或人際關係，這個世界總是無法盡如人意。就算只是過著平凡的日子，壓力還是會自然地累積，所以要找出能盡情紓解壓力的方法。

喜歡的音樂、讓人安心的場所、可提高興致的食物、令人放鬆的香味等，請找出能夠療癒自己的事物，若是可以隨身攜帶的小物更好。當你覺得心情低落、與人相處疲憊時，就用這些事物來減輕壓力吧！（但要小心喝酒可能會上癮）

按摩、三溫暖、溫泉、一日旅行，能舒緩身心的事物都很好。若能用爽朗的心情與人相處，給對方的印象也會大為提升。

同事篇
CASE 1

無法從經驗中學習，一直重蹈覆轍

跟我同時進公司的同事，一直重複相同的錯誤，像是出錯客戶的貨或下錯單。每次都讓旁人幫忙收拾殘局，對公司也是損害。明明他在新人時期還很優秀，到底是怎麼了呢？

不論是哪間公司，只要有人一直重複相同的錯誤，「注意力渙散、無心工作、粗心大意」等批評就會蜂擁而至。有時大家會覺得很不可思議，明明講了那麼多次，為什麼他還是會犯同樣的錯誤？

當事人會不斷重蹈覆轍，可能是因為他覺得「以前的錯誤已經結束了」，也就是說他認為自己之前已經好好反省、道歉過，所以錯誤也等於結案了。就算再度犯下相同錯誤，他的認知只會是「我犯了新的錯誤」，完全不會活用過去的經驗。情緒的轉換過快，才會一再犯同樣錯誤。

「該不會又要失敗了吧？」的不安想法也會使這種人萎靡不振，緊張和低落都會讓平時的能力無法發揮，因而造成失誤。

無法切換情緒的人很容易陷入反覆犯錯的狀態。

相處之道

比起斥責或鼓勵，更重要的是幫助對方減輕壓力

如果工作量對這位同事已形成負擔，旁人的理解及協助也是很重要的。要盡量設法緩解職場的緊張氣氛，例如：一起外出吃午餐，或吃完飯去散個步，都可以轉換心情。

「你要打起精神」或「你一定不會再犯相同錯誤」「你還是新人時不是很優秀嗎？」之類的話，會給對方造成壓力，反而會有反效果，請盡量避免對他們講這類的話。

同事篇
CASE 2
不搭爆滿的電車，經常請半天假或不上班

有個女同事很受不了尖峰時段電車上大家的體味，常常因為覺得不舒服而直接下車，等到下午才進公司，不然就是經常臨時請假，害我的工作負擔變重，真是受不了。

同事突然請假又沒安排好交接，真的很傷腦筋！但她會請假，也代表這問題對她來說很嚴重。

她應該也知道自己給人造成麻煩了，若她太過自責的話，壓力會更大，身心狀態就會更加惡化。

因此，要請同事盡量別責備她或擺臉色給她看，相反地，要多關心她的身體狀況。至於對職場造成的影響，就由上司處理吧！

這個女同事可能對特定味道過敏，因此也許有亞斯伯格症或自閉症類群障礙。亞斯伯格症患者可能五種感官都很敏感（但也有都很遲鈍的例子），也有人只有嗅覺、聽覺等特定的感官比較敏感，這都是因為腦部機能有缺陷造成的。

相處之道

努力避開不適應的環境，將原因阻絕

請不要用責備的語氣跟同事說話，例如：「你就不能忍耐一下這些味道嗎？」由於已明確知道同事是對電車中的氣味感到不舒服，所以，如果公司可以調整出勤時間的話，建議改成在非尖峰時段上班。

另外，如果這位同事無論如何都無法搭人很多的電車，也可考慮把家搬到徒步就能到公司的地方，總之，就是把造成問題的原因排除即可。

對味道極度敏感的人，可常戴口罩或隨身攜帶精油等能讓自己靜下心的香氛小物，在不舒服之前使用，提前預防。

下屬篇 CASE 1

不懂模糊的指示，無法一次處理多件事情

主管指示已經進公司十個月的下屬：「盡量早一點把A公司和B公司的資料做好，因為這是要給課長的東西。」但到了傍晚下屬還是完全沒動工，主管火大地罵道：「你到底在搞什麼鬼！」結果，他回答：「因為我不知道要怎麼做，煩惱著煩惱著，時間就這樣過去了……」

「盡量早一點」「你自己看著辦」或「好好做啊！」像是這類曖昧不明的指示，在職場上有些人是聽不懂的。

「盡量早一點」是指多早？「看著辦」跟「好好做」是要做到什麼程度才叫好？這些人永遠搞不清楚衡量的標準。

如果問這種人：「那件事在進行了嗎？」雖然他們會回答：「對，在進行了。」但是，「那件事」是指哪件事，其實他們有時也不太清楚。因為他們不懂曖昧抽象的指示，所以，就算累積了再多經驗，也很難獨立自主地作業。

此外，若同時拜託他們兩件以上的事情，他們就

會腦袋一片混亂，不知要從哪件事開始、怎麼處理。

這是因為他們腦部的工作記憶機能（將工作的內容、順序、必要資訊等在限定時間內儲存於腦中的機能）無法完整運作的緣故。即使他們可以集中精神在一件事情上，對於另一件事仍會有所疏漏。

相處之道

具體地下達每個指示，周圍的同事也要給予協助

雖然有這種下屬會很辛苦，但主管仍要不怕麻煩，務必讓自己下達的每個指示都很具體。寫在紙條上是最好的方法，還要反覆地教導下屬只要照著順序做，工作就能完成。周圍同事的協助也很重要，不管他問了什麼簡單的問題，都要快速且明確地回答。

下屬篇
CASE 2

沒大沒小，對上司或前輩講話不懂禮貌

進公司半年的年輕同仁在敬語的使用上一塌糊塗，像是「敝我司的經理大人現在在公司吧？」更糟糕的是跟上司或前輩開會時，還會講出「你也太搞笑了」「這點子也太瞎了」之類沒禮貌的話，讓人很頭痛。

有些人在學生時期只跟臭氣相投的朋友來往，等到出了社會，就有可能會出現這樣的問題。

雖然這是因為他的常識或社會經驗很淺薄的關係，但如果一直不改變，就很可能會對重要客戶說出失禮的話。

所以，從一開始就要教導他，要考慮自己和對方的關係及立場，說出符合情境的話。

如果有人一直無法改掉奇怪的遣詞用字，那很有可能是腦部某個機能出了問題。

例如：在人際關係上，從初次見面到日久變熟的過程中，我們與對方的關係也是一直在變化的。一般人會根據熟識程度，使用不同的講話方式，但也有人

就算初次見面也會用似乎跟你很熟的語氣說話，或者已經很熟了，講話還是畢恭畢敬的。

相處之道

客氣地告訴他這會給人不悅和不自然的感覺

年輕的新人使用的詞彙比較少，也可能不習慣合乎情境的說話技巧，所以要不厭其煩地提醒他，請他改正。你可以客氣地提醒他這種說話方式會讓人不悅，而且也很不自然。

如果是腦部機能的問題，像亞斯伯格症的人就很不會隨著關係變化調整遣詞用字，這時就引導他做出適宜的言行舉止吧！

下屬篇 CASE 3

講話時不看對方，只用眼角餘光掃過

公司新同事才二十五歲，已換過三次工作，跟人講話時都不看對方的臉，已經被課長念過好幾次「要好好看著對方講話」，但同事還是一直改不過來。跟大家講話時，他也只會斜眼瞄人家，感覺很不尊重人。

世上有一些人無法正眼與人相望。

這種症狀稱為「注視恐懼症」，多被認為是社交恐懼症的一種。

因為害怕自己的視線會傳遞出不快的訊息給對方，所以會無意識地避開對方視線傳過來的訊息。

雖然這對日常生活不會造成太大影響，但在工作及人際關係上卻容易招來誤解，他們容易被認為是「沒基本禮貌的人」，旁人也會以為這種行為是出於討厭或輕視。

亞斯伯格症患者常有這種問題。腦部的「顳葉顳上回」這個部位掌管看到人臉之後的反應，但因為腦部機能有缺陷的關係，這個機能無法運作。也就是說，腦部無法下達「從表情讀取對方情緒」的指令，所以，患者不會在意與人眼神相對這件事。

相處之道

比起眼神交流，更重要的是意思溝通

當被課長罵時，那個新人心裡也一定很不好受。這種人若選擇較不須與外界溝通、能單獨作業的工作，應該比較不會那麼辛苦。

人與人之間雖然用眼神也能交流，但我仍希望大家知道有些人是因為腦部機能的問題，而無法與人正眼相對。若勉強他們看著人說話，會讓他們覺得疲累，因此，他們才會用斜眼看的方式當成回應。其實就算不看著對方，只要可以理解他說的話、會話能夠成立就行了。

上司篇
CASE 1

非常在意自訂規則的直角上司

只要資料或文具等小東西沒整齊放在桌上，總務部課長就會很不高興，連茶杯擺的位置都有規定。會議室的桌椅、桌上的資料沒有完美地排成直角，就得重排一次，有時真覺得快被他逼得喘不過氣來了。

這個主管有著自己的規矩，除此之外一概不認同呢！搞不好他連從家裡到公司的路程（順序）全都有規則，數十年如一日也說不定。

這種人對「桌子要隨時保持整潔」「排成直角才美觀」很執著，會因具象化事物感到安心是他們的特徵。除了不知變通之外，反覆進行同一件事或持續相同規律的行為會讓他們心情很好（或很擅長此道）。

相對地，他們對不按牌理出牌的事物會覺得棘手，例如：會因為會議流程突然變動而慌張起來，或不會採納不照順序提出的建議等，可明顯看出他們很不會臨機應變。做好這些主管很在意的地方，搞不好意外地可跟他相處融洽。

相處之道

記住主管在意的地方

別讓這種主管看到你隨性的態度或雜亂的桌子。遵守紀律，隨時把整齊清潔放在心上，滿足課長的龜毛規矩之後，他就會覺得你在工作上是很能幹的人。如果主管太一板一眼讓你快受不了時，可計劃在下班後舉辦狂歡活動（當然主管也要參加），既能讓自己鬆一口氣，說不定也能發現主管非工作時間的另一面。

上司篇 CASE 2

不看狀況、化身公司內部奧客的魔鬼上司

下屬犯了一點小錯，就連續好幾週不停碎念；中華料理的外送人員送錯菜，就當著下屬的面對人家展開漫長說教；廠商打來問問題若稍有不禮貌的地方，就會咆哮三十分鐘……我們公司的主管像奧客一樣讓人受不了。

這個主管動不動就發火，一旦大爆炸，就會單方面一直訓話，真是讓人束手無策呢！

他在公司以外的地方搞不好也常是個奧客。

情緒化又很難纏的性格實在讓人傷透腦筋，但如果他所說的內容合情合理，很可能只是他不曉得如何停止自己單方面講不停的問題。他沒辦法客觀審視自己的行為，沒辦法認知自己「講到這裡就可以了」。

也許他心中想的是「我的主張是正確的，所以講很多遍也是理所當然」。有些奧客說話的特徵是拐彎抹角或跳躍性思考、同樣的話一再跳針等，當他一開口講話，就不會考慮對方的立場，如果反駁他的話，更是火上加油。

相處之道

小心別踩到上司的地雷，並讓中間人介入

攔住外送員訓話很久、逼迫打電話來的廠商聽三十分鐘說教，都會嚴重耽誤對方的工作。不看狀況地說教，不但沒有助益，還會造成對方很大的困擾。主管因為不了解這點才會變成奧客，而這也會打擊公司的士氣。因此，當你跟主管接觸時，也要避免踩到他的地雷。

當上司發火時，盡可能讓其他擅長交涉或溝通的人在中途介入，在適當時機提醒上司：「已經講得差不多了。」

人際關係順利！提升溝通能力的技巧②

提升溝通能力 3　改變看待事物的方式或思考習慣

每個人都有自己看待事物的方法或習慣。除了自己既有的思考模式外，面對同一件事，有的人想法很負面消極，也有人的想法很樂觀積極。

對人際關係感到苦惱的人，經常有負面消極的想法，容易心情低落，容易受傷，容易悲觀。因為有這些毛病，想要改變的話，就得提升溝通能力。

請你將一天之內發生的事寫在日記或筆記本上，當回想自己在這一天的情緒波動時，就能知道本身在思考上的毛病。

客觀審視自己的心，你就會發現「我沒必要這麼消極」「對方明明不是這個意思，我卻用負面的角度去解讀」，在整理自己的思緒時，也要將自己的想法轉為正向思考，這樣就可以漸漸擺脫容易低落的習慣了。

提升溝通能力 4 記住會讓自己高興或興奮的事物

在睡覺之前，慢慢回想今日發生的事情當中，有哪些事讓你覺得開心、興奮或感動。

「今天第一次去的那家店，中餐很好吃」「同事幫我泡咖啡，還給我巧克力」「從公司的窗外看見了彩虹」等，不管多微小或無關緊要的事，只要讓你覺得滿足、讓你有點開心，都可以算進去。

盡量將這些事寫到日記中，以增強腦部的記憶力。維持這個習慣一陣子之後，你就會感覺自己洋溢著幸福感，並且顯現在臉部表情上。比起陰沉且讓人敬而遠之的臉，幸福的表情對人際關係更有加分作用。

CASE 1 夫妻篇

對數字異常偏執，時刻表過目不忘

婚後第三年了，先生對數字非常敏銳且執著，規劃外出的活動時都以分鐘為單位，而且對時刻表過目不忘。當事情不照計畫走時，他心情就會變差，也不善於跟人交際。因為我們想要有小孩，所以我對未來有點擔心。

有些人對數字異常喜愛，對數字的記憶力驚人。這就像有些孩子能背下鐵路沿線的站名，或對特定事物有卓越的記憶力，這些人的腦子裡可能都有同樣一套系統。

案例中的先生對數字相關的事物記憶力特別好，所以可盡量請他發揮這部分的專長，像是把他當成行動記帳本、真人存褶或行走的時刻表，也可請他把親朋好友的生日全記下來，一定可以幫上很多忙。

腦機能有一部分缺陷的「學者症候群」（**Savant Syndrome**）患者，可在特定領域發揮過人的天分。**Savant** 在法文中是「賢者」的意思，據說，過往的名人如達文西和莫札特都患有這種疾病。

達斯汀・霍夫曼主演的電影《雨人》中，故事主角也是對眾多數字都能看一眼就過目不忘。

相處之道

認同這種特殊才能，朝幸福的目標努力

不只案例中的先生，其他像是學者症候群患者也很欠缺一般的溝通能力。若妻子有這種感覺的話，就要找機會和先生好好談一下在意的事情。

另外，為了今後的幸福，也希望先生可以在能發揮專長的職場工作。

CASE 2 夫妻篇

喜怒不形於色，完全不知道他開不開心

結婚一年半了，但先生永遠面無表情。從他的臉上完全不知道他在想什麼，講話也沒有抑揚頓挫，像念稿一樣。難道跟我在一起那麼不開心嗎？

情緒很少表現在臉上的人，在反應和行動上都不善於展現自己的喜怒哀樂。可能有些人其實在生氣，但別人卻以為他很開心。

比方說，有亞斯伯格症的男性在婚前的交往階段，很容易被誤認為「是很酷但很認真的人」，但結婚一陣子之後，太太才終於發現「先生真的有點奇怪」，現實中這種例子比比皆是。

其實患者本人也有感情起伏，會難過或高興，只是不會表現在臉上而已。講話語調平板也是亞斯伯格症的特徵之一，看起來案例中的先生很可能正是有這種傾向的人呢！

相處之道

不是只靠表情才能幸福，可用肌肉訓練來改善

和表情豐富的人結婚，似乎會過得比較開心，但其實亞斯伯格症患者也不是「不開心的人」，所以，兩個人想要幸福廝守並非難事，希望太太別再責怪先生沒表情了。

如果這位先生因為面無表情在外吃了不少苦頭，可對著鏡子做出「一」的嘴型來練習微笑，這是可以緩和僵硬表情肌的肌肉運動。養成微笑的習慣之後，會促使腦部分泌血清素，就很容易讓自己樂觀愉快，表情自然也就柔和了。

夫妻篇 CASE 3

吃睡都分開，這樣也能稱為夫妻？

我們是一對二十多歲的夫妻，結婚之後，妻子告訴我她有亞斯伯格症。現在，我們吃飯分開吃，寢室和床也都是分開的，想跟對方講話或聯絡時就傳紙條。雖然我不討厭妻子，但這樣也能稱為夫妻嗎？

如果妻子有亞斯伯格症，做丈夫的應該很辛苦。但這只是世俗眼光對辛苦的標準而已，若能清楚理解亞斯伯格症，應該就不會覺得太累了。

因為太太偏食嚴重、感官過於敏感，所以吃飯和睡覺都分開也是不得已……太太這種因應方式很正常且自然。另外，比起口頭上用不清楚的話語傳達，寫在紙上更能讓人馬上理解。

勉強對方一起吃東西或睡在同一張床上，會對亞斯伯格症患者造成很大的壓力。就算這些行為跟常人不同，也不要認為妻子「任性」，請把它想成是「亞斯伯格症的特色」，以正面的想法面對。當然，以目前來說，案例中的當事者也是很了不起的夫婦。

相處之道

只要能正確理解就可以幸福地走下去

亞斯伯格症患者只要跟別人長時間相處就會感到有壓力，所以，對妻子來說，擁有放鬆獨處的場所和時間是很重要的。請不要誤解妻子是「因為討厭我才會疏遠」。

講話時也要避免曖昧不清或模稜兩可的指示。問問題時，要費點心思將問題單純化，讓對方可以用YES或NO來回答。

只要能正確理解亞斯伯格症，我認為案例中的先生心理負擔就會減輕許多。祝兩位幸福。

夫妻篇 CASE 4

用錢毫無計畫，收入全部花光光

三十三歲的先生做任何事都沒有計畫，也不會管理金錢。不論是薪水或獎金，都只給我最基本的費用，其他的全部花光。他完全沒有存款，家裡的美國英雄人物公仔倒是越堆越多。

對事物缺乏想像的人，通常也很不擅長管理金錢。他們無法想像錢花完之後會發生什麼事、如果不存錢會有什麼麻煩。沒有想像力，就很難有計畫地執行某事，所以會亂買很貴的東西，或把大筆錢砸在喜歡的事物上。今後，妳先生收藏的公仔應該會越來越多吧！

有些玩家會毫無節制地在網路上買收藏品，最後很可能會弄得傾家盪產或淪為卡奴。

更要注意別在金錢上遭人利用，像是朋友來借錢就輕意答應。這樣既容易捲入紛爭，對自己的信用也不好，最糟的是還可能會丟了工作。

相處之道

決定金錢的使用規則，不要讓他持有信用卡

太太要快點做出對策了。請明確設定生活費、存款等的比例，用數字讓先生理解不遵守規則的話，生活會過不下去。如果先生依舊毫無節制地花錢，就只好讓太太掌管經濟大權，或借助專家的幫助，在拿到薪水時就先扣除稅金、保險費等費用，作好金錢管理。刷卡網購只會助長先生毫無計畫地亂花，因此盡量別讓他持有信用卡。像這位先生一樣的亞斯伯格症患者遇到金錢糾紛或欠下大筆卡債的人可不少，因此也要絕對禁止跟親友之間有大量金錢上的往來。

夫妻篇 CASE 5

極度堅持自己訂的規矩或形式

三十六歲的先生很喜歡訂定規則，我們家有一堆家規。週一到週五要穿什麼顏色的褲子和襪子，早餐每天輪流吃荷包蛋和美式炒蛋，週末的午餐若不是咖哩他就會發火，我實在不懂這種單調模式有什麼好樂在其中的。

這位先生必須依照自訂規矩和自我風格過日子，才會感到安心。

別人可能認為這些規矩莫名其妙，但他本人卻覺得「我要按照這種方式做才不會出問題」。要遵守規定，用同樣的形式做事，他們才會放心。

這種傾向常見於男性，他們靠著這樣做來維持自己的生活規律。從日本到美國大聯盟發展並大放異采的鈴木一朗，據說也是數年間每天早上只吃咖哩。

當規則被打亂或既定模式被打破時，他們雖然會生氣，卻並非為了強迫家人遵從或想讓人困擾，才訂下這些規矩的，太太就耐心地跟他相處吧！

相處之道

避免擅自改變規定或臨時變更計畫

只要先生並非執著於太奇怪的規定，希望家人也能用寬容的心情來看待。不過，先生對於突發事件或急速的變化無法臨機應變，所以要注意不要擅自改變原來的規則。

另外，當先生好像又想訂立新規定時，如果內容有點麻煩的話，太太可以提議新做法來作為遵守的條件。

人際關係順利！提升溝通能力的技巧③

提升溝通能力 5 減少外在給人的負面印象

外表給人的印象比想像的還要重要，初次見面時如果留下不好的印象，之後想要扭轉會非常困難。

服裝邋遢、儀容不整、隨身物品沒品味、姿勢不良等，這些一開始給人的壞印象會造成先入為主的觀念，連帶地也影響到溝通。

在符合一般常識的情況下，在出門前請先確認好是不是穿了適合該場合的衣服、指甲和頭髮是不是太長、鞋子是不是不夠乾淨，這都是對他人的禮貌。

若只以自己的喜好或風格為優先、卻造成他人反感，其實是違反禮節的。想作奇特大膽的打扮，或穿戴小女孩用的閃亮小飾品，請在私下做吧！只要減少外表上的負面印象，別人對你的好感就會提升，溝通也會更加順利。

提升溝通能力 6 謹記對方的自我價值感

我在第二章提過，提升溝通能力的祕訣就是「滿足對方的自我價值感」。可以試著站在對方的立場來思考，例如：當自己很沮喪或想尋求他人意見時，如果別人跟你說「你對我非常重要，你是被大家需要的」，你會有什麼樣的感受呢？

你一定會很開心，覺得生出了勇氣，可以再繼續努力下去，也會因此對給你這種想法的人產生好感，覺得「我也要為這個人做點什麼才行」。

這正是溝通的精髓，這樣對方跟你的心情都會變好。不要凡事都以自己為優先，請先讓別人感到心情好。希望大家能謹記這點。

我該不會有亞斯伯格症吧!?

簡易自我診斷

本書提到亞斯伯格症好幾次，當你覺得自己或身邊的人可能有亞斯伯格症時，請參考以下項目來判斷。若有六項以上符合，可能就有亞斯伯格症了。如果你擔心的話，可以去專門的醫療機構諮詢。

□想到什麼、看到什麼都會老實講出來。
□常被別人說很白目（不會察言觀色）。
□講話時經常是自己一個勁地發言。
□對於喜歡的事物會完全沉醉其中，不會注意外界反應。
□被人說過面無表情或不看著對方講話。

□對於其他人不在乎的聲音或味道很敏感。
□嚴重偏食。
□很難同時處理兩件以上的事。
□去上班或旅行時，會攜帶非常多東西。
□面對新環境會極度不安。

chapter 4

把偏執當作天賦

那些有點怪的成功人士

推動世界進步的孤獨天才們

◌人際關係很差的世代改革者

發明大王愛迪生、愛因斯坦博士、蘋果電腦創始人賈伯斯、微軟創始人比爾蓋茲，這些人的天才頭腦和獨特創意，讓他們遠近馳名，而他們的共同點就是都被認為有亞斯伯格症。

在日本，從文獻上的言行記載來看，戰國時代的武將織田信長也很有可能是亞斯伯格症。

他們的豐功偉業改變了世界，是世代的改革者。

他們每個人都和亞斯伯格症患者一樣，都有社會性及溝通上的問題。愛迪生小時候的成績非常差，還被老師當掉。愛因斯坦博士每次都穿得非常隨便，頭髮亂糟糟的，從年輕時穿鞋就不穿襪子。賈伯斯非常偏食，幾乎不淋浴，一生氣就馬上開除好幾名員工，三十歲時還被自己創立的蘋果公司解雇。比爾蓋茲記得所有員工的車牌號碼，還以此確認出勤，據說，他也無法看著別人的眼睛講話。

織田信長採納了活用火槍的新戰法，也獎勵跟南蠻做生意，他擁有新穎的思想，卻非常暴躁易怒，家臣因此吃盡苦頭。

不會溝通、無法處理人際關係、活得很辛苦，他們都有這些特點。但正因為如此，他們才可以在自己擅長的領域發揮過人天賦。

◌思考有別於人，反而有助創新

「如果沒有亞斯伯格症的話，世界還停留在石器時代。」在精神醫學的世界裡有這樣一句話。

也就是說，「從久遠年代開始，就是亞斯伯格症的人促使文明進化、改革人類居住的世界」。

從來沒有人做過的事，他們能夠旁若無人地去嘗試。

不會考慮外在環境，以自己的感受為第一優先。

在某方面具有非常出眾的學識。

對特定領域有極為強烈的興趣。

一旦熱衷某事就非常執著。

革新者的特質跟亞斯伯格症的特徵完全吻合。

這個世界如果只會一直重複同樣的事就不會進步。

「我想做一點不一樣的事。」

「雖然大家都沒做過，但我想試試看。」

如果擁有這種創意或挑戰精神的人沒出現，世界就不會有任何進步。

在遠古的石器時代，一定有像愛迪生或賈伯斯這樣的人嘗試了前所未有的事。

將木頭互相摩擦也許就可以產生火了。

把這兩條線編在一起也許就會變成堅固的繩子了。

把這個和這個溶化後混合，也許就能變成比石頭更強的武器了。

實際執行這些事情的「怪人們」，也極有可能在之後的時代出現，讓這個世界不斷進步。

◌在「AI世代」存活下來的白目人

在第一章我曾提到，我在實習醫生的新人時期，曾請過沒人敢請的「國外旅行長假」（還請了十二天）。

雖然因為違反常理而被一些人冷眼相看，但由於我開了先例，後來大家都開始請長假了。

我這種完全不懂察言觀色的舉動，打破了以前的陳規，讓自由新鮮的空氣流了出來。

當然，我做的並不是什麼大事。

但是，既白目又不會做人的亞斯伯格症患者所做的事，有時會帶來非常合理及嶄新的結果。

以亞斯伯格症為首的發展障礙患者，不擅長溝通且活得很痛苦，但正因為這樣，才具有打破現有陳舊體制的可能性。

至少我是這樣認為的。

很快地，世界就要進入「AI（人工智慧）」時代了。

就連完全無法理解人類感情奧祕的AI，也開始擁有了「察言觀色」的能力。

有很多的職業、職務最後會被AI取代。

可怕的是，許多人類一直以來引以為傲的職業都會被機器人取代，所以，今後被判定為「你的任務已結束」的人會越來越多。

能力普通的人被AI取代的可能性極高。

然而，就算這樣的時代來臨，白目且只專注於自己專長的亞斯伯格症患者仍占有優勢。

他們創新獨特的能力是AI取代不了的。

亞斯伯格症患者雖然是人類，卻具有AI的想法。「人類AI」一定不會被AI淘汰的吧！

而且不管時代如何改變，只要專注於自己感興趣的事，我想一定能以創新的發想再次改變世界。

◎「活著好難」的痛苦就用興趣來中和

就算不太會與人溝通，只要處於自己喜歡的世界，人生就能過得很快樂。

我很喜歡車子，以前對古董車很感興趣，還買過一九三〇年代的奧斯頓馬丁英國車。

我也加入了CCCJ（日本古董車俱樂部）這個日本最具歷史代表性的汽車同好會，經常參加她們辦的學習會。

那裡曾經舉辦過「螺絲釘講座之日」。

整整兩小時都在講螺絲釘的事，像是歐洲在戰前使用的螺絲釘特徵，或英國規格的螺絲釘等。

沒興趣的人一定覺得非常無聊，完全聽不懂。

但我卻覺得非常有趣，其他參加者也沒有人打瞌睡。

老爺車在修理上光要收集螺絲就非常辛苦，所以，大家都像著魔一樣熱切聆聽，還有人專門在部落格上寫螺絲釘的相關文章。

俱樂部全員都是狂熱分子，也有好幾個是亞斯伯格症患者，但在那裡大家都度過了非常愉快的時光。

只要擁有這種樂趣，就算人際關係很差或覺得人生好難，都能中和掉這些痛苦。踏出這一步後，即使別人覺得你是「怪人」，只要你擁有能讓自己沉醉其中的樂趣，就能好好活下去。

◌被說「老喜歡怪東西」也不要改變

就算曾被別人說過「你的興趣好奇特」「你怎麼都喜歡一些怪東西」，只要是自己喜愛的事物，就不要放棄。

我認識一個年輕的男孩子，他專門收集工業機械的型錄。他對各種機械的性能和規格都非常熟悉。雖然看起來一點用處也沒有，但他就是喜歡，而且也沒有妨礙到別人，所以我覺得他能貫徹下去也很好。

電視上曾介紹過一個洗衣精狂熱分子，這個人收藏了世界上所有的液體洗衣精，只要出了新商品就買，把產品資料都記錄在電腦裡。其他人一定無法理解他的行為吧！但像這樣的液體洗衣精權威，也許哪一天會派上用場也說不定。

有人專門收集如今已經看不到的家庭用製麵機，還發行了雜誌，而被媒體採訪。啟動昭和年代的鐵製機器，生產出自家製麵條來食用，看到這種個人興趣以後，也許有人會產生共鳴，也想要嘗試看看，最後搞不好還會促成展覽活動。

興趣也可發展成新事物，現在是任何人都可以創業的年代，以興趣當成工作且成功的例子比比皆是。

賈伯斯和比爾蓋茲在學生時代也只是個電腦宅而已。

不要抱持「自己容易對奇怪事物感興趣」的負面看法，對喜愛事物請繼續執著下去吧！

○只要指示明確，仍能融入群體

被公認「白目」（不懂察言觀色）的人，常會被別人說「你要再配合周遭一點」。但是，這種人（特別是亞斯伯格症患者）不懂什麼叫「配合」，就算他有心想配合也做不到。

某家醫院的櫃台人員是個有點奇特的中年男子，其他同事都穿著類似制服的衣服，只有他一個人穿著花襯衫。

我覺得他在櫃台特別顯眼，就問了一下其他職員是怎麼回事。原來那個人一直都穿得很不正式，所以，主管要求他：「你給我穿襯衫來上班。」結果，他就穿著花襯衫來了。

這個人沒有「職場上的襯衫等於白襯衫」的概念，他覺得只要是襯衫都可以穿，才會選擇花襯衫。

就像這個例子一樣，要求亞斯伯格症患者時，不能只說「襯衫」，而要具體地說「白襯衫」才可以。

過去，我曾被要求在看診時要打領帶，但因為我覺得只要是領帶就可以，便繫了一條扶桑花花色的領帶去醫院上班。這個例子和這位中年男子的例子簡直如出一轍。

周遭的人如果希望他們「再配合一點」，就要盡量提供具體指示。

如果亞斯伯格症患者也想配合旁人的話，就要提前告訴大家：「請盡量給我明確一點的指示。」

只要多用一點心，就能夠減少因白目引起的事件，在職場和人際關係上，也就能減少尷尬的氣氛了。

◌正因「奇怪」「白目」，所以成功

前面提到的古董車同好會，也聚集了非常多很有個性的人。

因為擁有同樣嗜好，大家聚在那裡都很開心，但包含我在內，只要一走到外面，就會被人家說是「怪人」「白目」，而且其中看起來是亞斯伯格症患者的也有好幾位。

古董車是非常燒錢的興趣，所以，成員都是很有社會地位的人。

也就是說，就算白目的人也可以成功，亞斯伯格症患者在社會上仍然占有一席之地。

也許不是值得高興的事，但醫生和律師當中也有很多亞斯伯格症患者。可能是他們擅長在特定期間內集中精神念書，所以很會考試。

換個角度來說，無法像普通人一樣建立人際關係的醫生和律師也不在少數。

加上又白目，所以常會被人討厭。

年輕的時候，我曾去專門協助家有發展障礙兒的父母諮商中心幫忙。中心由幾名醫生和專門的職員經營，那裡的員工專用停車場停的都是一般人買不起的豪華名車。

來尋求協助的人問題都很嚴重，還有一些家長會訴說家境的窘迫，所以這個停車場顯得非常突兀。

現在的我終於會覺得「要注意一下這種事比較好」，但當時不諳世事的醫生竟然會這麼遲鈍。

當然，就算因為亞斯伯格症而人際關係不好，在工作上全心投入而廣受好評的醫生或律師還是非常多的。

能意識到自己有亞斯伯格症，並且清楚自己的專長和弱點的人，相信在任何領域都能成功。

◌成爲「有點怪的人才」，找到專屬的幸福

大家的周遭是不是有很多人常被認為「是個怪人」「跟大家都處不來」。大家應該都覺得這種人不擅溝通、每天過著孤獨又寂寞的生活吧？以我身為醫師的眼光看來，這些人裡面，應該有一定比率的人患有以亞斯伯格症為首的發展障礙。

這種人就算走在路上或出現在電視裡，我也能感覺出來。

「啊！原來這裡也有同類。」

我自己也有亞斯伯格症，所以可能在某部分有共鳴吧！從肢體動作或表情就可以察覺，從講話方式也感受得到。

在醫院診療室中，我也看過非常多有發展障礙的人。

在這些人當中，有些人每天都活得很痛苦，但也有人被家人深深愛著，十分幸福，還有人是社會上的成功人士。

很多人在各個領域的第一線活躍著。

因此，我希望你不要妄自斷言：「我的人生真是孤獨又寂寞啊！」如果是最近才知道自己有亞斯伯格症的人，也不要有「我今後要怎麼生活下去」的悲觀想法。

知道自己生病以後，反而更能看清楚活用自己個性和才能的道路，之後只要考慮如何享受人生，以「成為有點奇怪的人才」為目標前進就可以了。

人際不順者自在生活12法則

◌了解「奇怪」「人際不順」不是自己的錯

有關人際關係不順利、總覺得活著很辛苦的人，我已經在第一章到第三章從各種角度闡述過原因和因應之道了。

我會公開自己那些不光彩的過去，也是希望大家能知道在任何地方都會有覺得自己跟周遭格格不入、跟大家都處不好的人。

我希望大家能理解這不只是個性或想法造成的問題，就如同我一樣，很有可能是亞斯伯格症等發展障礙造成的。

因為工作的關係，我和發展障礙患者有很多接觸的機會，也了解發展障礙正是造成活著很痛苦的原因。我認為需要讓更多人都知道這點。

因為知道原因以後，心情就會舒暢許多。

令人煩躁的異樣感和莫名的不安都會瞬間消失。

而且你還會因為查覺「原來是這個原因」，而產生「我接下來要怎麼做才好」「我要注意什麼事才好」的積極態度。

「我的人生很不順」「我不被別人了解」這種負面態度（或說是沮喪無力的態度）將會大大轉變。

◌ 把異常的「執著力」用於追求特殊專業

其實亞斯伯格症是天生的，目前尚未出現特別有效的治療方法。現在的治療基礎是以醫生問診為主，提供因人而異的各種療法。

儘管如此，只要知道是因為疾病才讓你覺得活著很痛苦，就能客觀地看待自己、分析自己的行動和想法。比起莫名地責怪自己或他人，更能養成健全的心理。因為知道自己的特性後，你就可以判斷「雖然我有不擅長的地方，但我可以努力發揮自己的專長」。

知道痛苦的原因且理解自己，就可以活用自己的強項，讓它成為你的武器。

例如：亞斯伯格症的特徵是對特定事物有著強烈興趣或喜愛。在我還是小學生的時候，一心沉浸於製作無線搖控模型的世界，在做模型的時候，我能夠長時間集中注意力。

擁有這種強烈的執著或集中力，一定可以培養出專業性高的技能。就算不是任何事都能做的通才，只要追求特定領域的專業也足夠了。

◌以「避開弱點、發揮強項」爲原則找工作

當你知道自己的特質和原因後，請務必尋找能活用個人長處的工作。今後要求職的人，或覺得現在的工作不適合自己而想換工作的人，希望大家都能選擇符合自己特性的路。

如果覺得自己很不會跟人溝通的話，就要避開必須經常與人交涉或人際關係緊密、上下關係嚴格的職場。

選擇適合自己的工作，就能將自己的弱點變成強項。

不擅跟人講話、別人很難理解自己意思的人，可選擇不太需要跟人面對，只要利用自己的專業技術就能作業的工作，例如：電腦工程師、系統工程師、需要專業技術的工作等。

做事一定要做到完美的人，可考慮從事日式料理、甜點或法式料理等相關專業行業。如果對師徒制和嚴厲的上下關係感到懼怕，也可以出國學習廚藝為目標。

亞斯伯格症患者不適合服務業或得經常接洽客人的職務，以及工作內容緊湊、常有突發狀況或急需盡快處理的工作。

不會被人干涉，照著自己的步調一步步前進的工作是很好的，實際上，朝著學者或藝術家之路前進而成名的人也很多。另外，難度高一點的則有醫生或律師等獨立的職業。

想換工作的人，如果現在的職場中理解你的人比以前多，你還要考慮到換工作後又要從零開始，因此要謹慎地作出選擇。

◌利用「TO DO LIST」輕鬆管理行程

實在無法好好訂定計畫、也不善於時間管理的人，不妨試著將自己應該做的事視覺化，以做好行程管理。

有個著名的例子，那就是美國北卡羅萊納州立大學為研究自閉症兒童所採用的指導法——「結構化教學法」（TEACCH），把「時間、空間、活動」分別用視覺化的方式來區分，以便於理解，這種方法對亞斯伯格症成年患者也很有效。

請利用這種方法將時間視覺化（結構化）。

在填寫方面，可使用一般記事本，也可以自行製作專用的筆記本。

步驟如下：

①寫出一天的時間表，掌握自己的行動流程。

②做出一週及一個月的計畫表，確認這一週和這個月要做的事。

接下來是關鍵。

③每天早上利用十五分鐘製作「今日預定事項」的清單。例如：工作方面，可列出會議、交報告、印開會資料、確認樣品、確認信件等要做的事情（約五到七項）。

④在今天要做的預定清單上，訂出「A」「B」「C」的優先順序。「A」是今天一定要做的事。

「B」是盡量在今天做完的事。
「C」是明天做也沒關係的事。
⑤當「A」有兩件以上的時候，就用「A1」「A2」「A3」來決定優先順序。

把這一連串的行動當成早上十五分鐘的功課，養成習慣。

在一天開始，將當天行程整理成視覺上可以看見的樣子，就能減少時間的浪費，做出正確行動。

◌學會紓壓，讓身心維持平衡

接下來，我要講的是壓力和身體狀態的關係。

自律神經掌管內臟和血管的功能，與心跳、呼吸、排泄及體溫調節等人體的生命活動習習相關。我們無法用意志來操控自律神經的運作。

自律神經由交感神經和副交感神經兩種功能相反的神經組成，跟壓力也有密切的關係。

身體在活動、緊張、感到有壓力時，主要由交感神經發揮作用，這時副交感神經處於休息狀態。

休息、身體放鬆和睡覺時，主要由副交感神經發揮作用，這時交感神經處於休息狀態。

這兩種神經如果能平衡地運作，人就能保持身心健康。若是副交感神經的運作較強，就能修復身體的各個部位，消除疲勞。

但是，容易感到壓力的人，交感神經是長期占上風的，交感神經運作的時間很長，副交感神經的機能則變弱了。

如此一來，人就很容易暴躁，容易感到疲倦、肩膀痠痛、頭痛等，睡眠品質也會變得很差。當睡眠不足時，這種症狀造成的身心狀態不佳就會一直持續。

會覺得活著很痛苦的人，也是對壓力很敏感的人。

尤其是亞斯伯格症患者，在壓力過大或過多時，感官就會十分敏感。

家中或職場的噪音、人發出的聲音、食物的異味或菸味、燈光或電視等過於明亮的光線……當感官對這些開始出現過敏反應後，就會產生更大的壓力，在惡性循環之下，自律神經也跟著失調，造成身體健康出問題。

當你覺得自己好像很容易有過敏反應時，可能就是壓力開始累積的徵兆了。如果覺得有壓力，請不要一直忍著，一定要盡快消除。請找出能順利抒解壓力的簡單方法吧！（參照第三章提升溝通能力②）

◌遠離讓身體處於高壓狀態的「醣類」

現在，不論哪裡都能品嚐到美食。光以外食來說，就有日式、中式、義式、法式等料理，還有漢堡店和印度咖哩，在便利超商也能馬上買到便當或飯糰。

每次將美食吃下肚後，會攝取過量的就是「醣類」了。

吃了含醣類多的食物，如白飯、拉麵、烏龍麵、義大利麵、麵包、蛋糕或根莖類之後，血糖值就會急速上升，這樣會刺激交感神經，使自律神經失調。

接著，就會像前面提到的高壓狀態一般，就算原本好不容易將壓力消除也沒意義了。

此外，還會造成神經傳導物分泌異常，被稱為「快樂物質」的多巴胺減少，導致欲望降低、出現憂鬱狀態。

在吃了許多飯麵覺得飽足之後，就會昏昏欲睡，而在肚子很飽的時候，腦內也會產生「啊！真幸福」的幸福感。

這是被稱為「腦部麻醉藥」的ß腦內啡引起的作用，它有上癮性，很容易讓人陷入「還想再吃」「戒不掉」的醣類中毒或碳水化合物中毒等狀態。

食物無罪，但醣類會使我們的幹勁消失，是會誘惑人上癮、想一吃再吃的麻煩食物，攝取過量的話，還會造成肥胖或代謝症候群。

◌限制醣類攝取，讓頭腦保持清晰

我本身會限制醣類的攝取，平常我是不吃飯的，但也曾經發生過不得不吃飯、結果釀成悲劇的事。

有一次電視台請我上節目，在拍攝現場的休息室裡，我足足等了三個小時。

我沒有吃電視台準備的便當，但過了三小時之後肚子餓了，心想「只吃一點菜應該沒關係」，就吃了一點。但因為我實在太餓了，忍不住也吃了飯，最後整個便當全都吃光了。

吃完之後，我整個人變得很想睡，我心裡想著「好睏啊！完蛋了」，沒想到電視台就告訴我：「要正式錄影了，請出來吧。」

我進了攝影棚，但已經沒什麼精神了，心情也變得很差。

就算別人問我問題，我也是臭著一張臉只說「不知道」，就不再說話了。

更糟的是，我毫無興趣轉向一旁擦眼鏡的樣子也被拍了下來，透過電視台播送出去。

這種白目樣真是淋漓盡致展現了亞斯伯格症的一面。

當我試著不攝取醣類以後，吃飽後的疲倦感跟想睡的感覺都消失了，身心十分輕快，興致也提高許多。雖然我推薦完全不攝取醣類的「斷醣」，但就算只是盡量減少醣類的「減醣」，也可達到部分成效，會讓你有耳目一新的改變。

「斷醣」還可治療思覺失調症，持續斷醣三天後，就算不吃藥，思覺失調症的幻聽或妄想等症狀也會消失。只不過若想維持這種狀態，就必須持續進行斷醣。

這部分的研究雖然還在進行中，但飲食內容會大大影響頭腦這一點，我們絕對不能忽視。

◌多吃補腦的營養素，打造快樂體質

接下來是專為正在接受發展障礙診斷的讀者寫的。

發展障礙雖然也可使用藥物來治療，但一般的藥很容易造成副作用，我一直盡量避免使用。我都是以維生素當處方，並給予飲食指導。

發展障礙屬於腦部疾病，所以身體很容易受藥物影響，副作用也很大，而可能導致情況惡化。

同樣地，吃的食物也容易對身體產生影響，所以，吃了醣類以後，因為多巴胺減少而引起的疲倦或睡意，在發展障礙患者身上更加顯著。

亞斯伯格症患者要多攝取的營養素是維生素B_6，鮪魚、柴魚、鯖魚、牛肝、雞柳、大蒜等都富含維生素B_6。

自閉症患者缺乏腦內多巴胺或血清素（都是神經傳導物），要合成這些物質，維生素B_6是不可或缺的營養素。不過，為了預防攝取過多而造成副作用，也會讓患者同時服用鎂。

自閉症或憂鬱症患者的憂鬱症狀來自於多巴胺或血清素不足，而抗憂鬱藥物很多都是能增加多巴胺或血清素的處方。

在飲食方面，必須控制醣類的攝取，多吃魚、肉等蛋白質，這些是生成多巴胺或血清素等荷爾蒙所必需的原料。

此外，維生素 C 、鐵、鋅和維生素B_6等作為輔酶也很重要，通常是請患者多吃蛋白質，並開給維生素C或維生素B_6。

缺鐵或缺鋅的人很多，所以，醫師還會做血液檢查，若有需要的話，推薦服用鐵劑或血基質鐵，而鋅的補充則是建議服用營養品。

研究發現，幾乎所有人都缺鋅，而鋅不足會造成免疫力低下或產生味覺障礙。缺鋅的人可以吃富含鋅的食物，如柴魚、牛肉、起司等。

◌對於不擅長的事物不去爭高下

亞斯伯格症傾向強的人在擅長和不擅長的領域表現差異很大，這點我已經講過很多次了。

如果你還不清楚自己哪些地方很厲害或不在行，可分從「工作、人際交往、對話、興趣、娛樂」等大項，列出擅長和不擅長的清單。

很會打電腦遊戲、擅長簡易料理、對精細作業不拿手、不喜歡團體行動……把你想到的全列出來，就能弄清楚自己的興趣、擅長及不擅長的事物。

理解自己的特質之後，對於不擅長的事物就要明確定位「這不適合我」。然後，訂出「在擅長之處一決勝負，對不擅長之事不爭高下」的基本方針。如果非得做自己不擅長的事，那只要達到差強人意的程度就行了。拋開一決高下的念頭，訂下達到四成、五成的目標就好。下定決心之後，就會如同放下心中大石一樣輕鬆。

如果想不出自己有什麼專長，就先試試有可能的事。哪些事情你雖稱不上擅長、但至少不會做不來？在這些事情當中找出特別喜歡的去發展。還是有可能找出你擅長的事的，不用悲觀。

「我要努力克服自己不擅長的事物或弱點」的想法，非常容易造成心理上的負擔，也是讓自己活得很痛苦的根源。

◌依賴別人，周遭也會漸漸伸出援手

只要過著社會生活，無法避免的一定會遇上自己不擅長的事。工作時，會有一大堆討厭但不得不做的事。

就算選擇了符合自己特性或興趣的工作，一定還是會遇到做不來的事。這種時候，找個擅長該領域的人幫忙，我認為是很好的選擇。不擅長的事「請厲害的人幫忙」即可。

例如：如果對於溝通交涉或行政事務很不在行，就拜託擅長的同事或前輩幫忙，相對地，你要幫助他們做你擅長的事。

「拜託前輩您一定不會錯！」可利用這種提高對方自我價值感的言語來拜託對方，而在幫忙他做你擅長的部分時，則用「加倍奉還」的心態竭力發揮所長。

如果你能抓到提升對方自我價值感的訣竅，就能讓更多周遭的人幫助你，得到更多人手支援。

在職場上，建立「理解自己」的人脈很重要。

具有亞斯伯格症傾向的人，若能坦率地和職場上的某人說明自己的特質（如不擅溝通、聽不懂不明確的指示等），在工作上就會更順利。

如果你有值得信賴的上司或前輩，請盡早跟他們坦白。

在職場上如果沒有任何理解你的人，你就會常常受到誤解或中傷，像是「這人真奇怪」「連這麼簡單的事都不會」等，在職場的人際關係和工作效率都會受到影響。

我想到以前曾有家長來諮詢自閉症孩子不肯上學的事，後來在那個孩子的班上設了一個幫助他的「支援小組」，選出比較能幹或有領導風範的孩子當組長，並請家長協力，進行了一個模仿實驗。

跟自閉症的孩子說「去模仿那個小朋友」，讓他把組長當成範本學習對方的舉動，並選出幾個孩子成立支援小組。

結果這些孩子的自我價值感都提高了，變得十分有幹勁，而組長和其他支援小組的孩子也都努力幫忙，彼此的自我價值感提升，班上的整體氣氛也變好了。

雖然是小學生的例子，但在工作環境中，如果也能塑造這樣的環境就好了。

◌ 只要方向正確，「偏執」就是長處

最近的年輕人對於東西或金錢不太執著，就算問他興趣是什麼，得到的回答也是「很多都會一點點」「我沒什麼興趣」。

相對地，具有亞斯伯格症傾向的人很容易執著於一件事，在自己感興趣的方面非常偏執。

執著是對特定事物持續不斷地傾注能量。

因此，如果你有一個非常喜歡的歌手，你就會因為他產生「我要一生跟隨他」的強大執念，成為你的「生存動力」。

沒有任何興趣或愛好的人因為欠缺執著或固執，散發出來的能量也很弱。

所謂的執著，蘊含著非常強大的能量。

我曾協助訓練有重度智能障礙的自閉症孩子，其中有很多孩子對某些事特別執著。大家可能會覺得指導這樣的孩子很辛苦吧？

但是，執著的孩子反而比較容易指導。

若能正確引導那些孩子的能量，他們就會試著做些什麼，最後不僅會幫忙活動，還記得很多事。

其他什麼都不做的孩子，或是沒有執念、對任何事都沒興趣的孩子，才是最難指導的。

教導有自我執念的孩子擺放杯子、安排打菜或組合東西等，一開始會很辛苦，但之後他們卻做得越來越好。

因此，執著含有強大的能量。

只要正確引導這種執著，就能順利往好的方向前進。

偏執程度勝於一般人的人，只要不走錯方向，人生各個方面都會變好的。

別為了擴展社交而勉強迎合他人

我從年輕時就不打高爾夫球。

醫師朋友、醫療法人的理事等認識的人不管怎麼約我打高爾夫，我都直接說「我不打」，拒絕了他們。

一般來說，高層約打球的話，普通人一定會拼命練習並赴約，但我卻不是。因為我不覺得打高爾夫球有趣。

雖然這樣可能會使人際關係變差，但我認為沒必要去做自己沒興趣的事。

相對地，我在週日會跟玩車的朋友聚會，做自己喜歡的事。

在這本書最後，我想傳達的是——「讓自己擁有打從心底快樂的時間」比什麼都重要。

自己喜歡的時間、一個人自由自在輕鬆度過的時間，犧牲這種時間去擴展社交是不必要的。

不用為了交際而勉強自己去迎合他人。

處世之道及溝通技巧雖然也很重要，但當忘卻這一切、身心放鬆的那一刻，你的臉上就會出現最純粹的表情，那也是遠離「活著的痛苦」的表情。

那就是你的真我風采，希望你能好好珍惜。

附錄

覺得「活著很痛苦」的你，是不是生病了？

你的痛苦是因為自閉症類群障礙嗎？

隨著越來越常在日常中聽到發展障礙或亞斯伯格症等名詞，有些人也開始覺得「我是不是也有這方面的問題？」而去精神科或身心科就診。

即使被判斷為發展障礙或注意力不足過動症，但接受了改善對策或早有心理準備之後，仍然有很多人能回到原本的生活。

認清疾病本身不是一件壞事，在知道自己為什麼常會覺得活著很痛苦之後，對於今後生活就能採取新的因應之道。

只是，現在有關發展障礙（最近統一稱為「自閉症類群障礙」）的正確知識還是無法完整傳達給普羅大眾，自行判斷錯誤或實際誤診的例子也不在少數。因此，就算去了醫院，若沒有得到正確的建議，在職場和人際上仍然受到誤解的話，相同的問題依舊會發生。當事人的生存痛苦無法改善、人際關係也越來越差的案例層出不窮。

來我醫院就診的病患，以前在別家醫院被診斷為思覺失調症，因此相當苦惱，但經我診斷後，卻發現他是非重度自閉症。還有明明是典型的亞斯伯格症，卻被診斷為思覺失調症或憂鬱病的案例。

很遺憾的是，除了專業醫師之外，在自閉症類群障礙上擁有正確知識或診斷技術的醫師仍非常少。

「心靈的傷痛」不可置之不理

如果你想對抗活著的痛苦，一定要去有專業醫師的醫院就診。對於來我這裡就診的人，我會先問：「你目前在工作上有什麼感到困擾的地方嗎？」請他們具體說明之後再詳細問診，並且提供他們一些該怎麼做會比較好的直接建議，如果有必要，還會開立維生素等處方。

患者在實際生活上執行我的建議，等到下次回診時，我會再問他們有沒有什麼變化？是否有好轉或沒有改變？接著再給他們必要的建議。

所以，我的做法是請患者過一陣子後再回診、接受我的建議，然後慢慢改善有問題的地方。

只不過，醫生沒有專業知識，光看資料開藥，說著「有問題再來回診」，以這種單純診斷作業結案的例子，在現實上也是有的。這和按表操課並沒兩樣。

就算沒達到診斷基準，但有著亞斯伯格症或自閉症特質而困擾不已的人還是很多。然而，只要不符合診斷基準、測試後不構成條件的話，醫生判斷「你的問題不是發展障礙」之後就結束的例子也很多。

舉個跟精神醫療不相關的例子。有個患者說：「我的腳很痛，是不是骨折了？」但醫生透過各種檢查都沒發現問題，從資料上也看不出所以然，於是就跟患者說：「什麼問題都沒有，你可以回家了。」可是，患者還是覺得很痛，就跑了好幾家醫院看病，最後終於發現是骨頭斷了。患者非常生氣地說：「我不是一開始就問過會不會是骨折嗎？」這是真實發生過的例子。

同樣地，自閉症或憂鬱症、亞斯伯格症等患者的心理傷痛若沒被正確診斷而置之不理的話，也可能會有危險的。

走出痛苦比你想像的容易

精神疾病或腦部機能障礙的原因還有很多不明之處，所以還無法實施將此原因排除的「原因療法」。

這就是診斷和治療上的困難之處。

例如：腸道菌叢的移植（腸子內許多細菌的群集，有種療法是將健康者體內的腸道菌叢移植一部分到病患身上）可改善腸內細菌的狀態，使自閉症或憂鬱症的症狀好轉，因此，研判生病的原因可能和腸內細菌有關。

然而，腸道菌叢會給腦部的神經傳導物帶來多大影響尚是未解之謎。雖然有大學醫院已在研究腸道菌叢移植和腦部的關係，但還在持續確認的階段。此外，還有「分子矯正醫學」法，尋找在代謝上不足的營養素，以營養品來補充，據說對自閉症也有療效。效果雖然因人而異，但有些患者的確因此好轉了。在營養療法中，憂鬱症也可使用維生素來改善。

在我的看診經驗中，使用維生素C、維生素B_6、鐵、鋅等的確對憂鬱症有一點幫助，在實際的治療上有些成效。

亞斯伯格症或自閉症的患者服藥的副作用比較明顯，因此給予維生素類的營養療法或開立營養品作處方，患者會比較舒服。

此外，也有越來越多的精神科醫師採取限制醣類或「斷醣」以改善症狀的做法，經由地方醫院介紹而從遠方過來看診的病人也日漸增多。

無論如何，自閉症類群障礙跟一般疾病是一樣的，只要置之不理就不會改善。這是造成自己覺得活著很痛苦的原因？還是出自其他問題，只要患者得到了答案，診斷就是有意義的。

與世界格格不入的我，其實可以不孤獨

與世界格格不入的我 , 其實可以不孤獨 / 西脇俊二著 ;
呂丹芸譯 . -- 初版 . -- 新北市 : 好的文化 , 2019.09
面 ; 公分 . -- (內在小革命 ; 54)

譯自 : 自分の「人間関係がうまくいかない」を治した精神科医の方法
ISBN 978-986-5626-92-1(平裝)
1. 人際關係 2. 自我肯定

177.3 108013763

作　　者／西脇俊二
譯　　者／呂丹芸
顧　　問／呂志翔
社　　長／陳純純
總 編 輯／鄭潔
副總編輯／張愛玲
編　　輯／唐岱蘭
特約編輯／謝佩親
編輯助理／舒婉如
封面設計／陳姿妤
內文排版／陳姿妤
整合行銷總監／孫祥芸
整合行銷經理／陳彥吟
北區業務負責人／陳卿瑋（mail：fp745a@elitebook.tw）
中區業務負責人／蔡世添（mail：tien5213@gmail.com）
南區業務負責人／林碧惠（mail：s7334822@gmail.com）

出版發行／出色文化出版事業群・好的文化
電　　話／ 02-8914-6405
傳　　真／ 02-2910-7127
劃撥帳號／ 50197591
劃撥戶名／好優文化出版有限公司
E—Mail ／ good@elitebook.tw
出色文化臉書／ https://www.facebook.com/goodpublish
地　　址／台灣新北市新店區寶興路 45 巷 6 弄 5 號 6 樓
法律顧問／六合法律事務所 李佩昌律師

印　　製／龍岡數位文化股份有限公司
書　　號／內在小革命 054
I S B N ／ 978-986-5626-92-1
初版一刷／ 2019 年 9 月
定　　價／新台幣 360 元